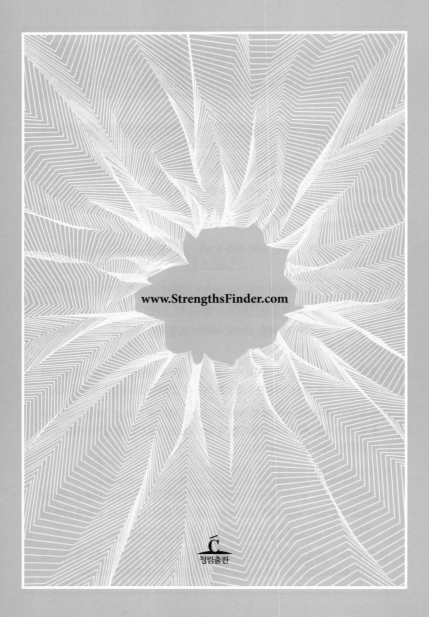

www.StrengthsFinder.com

청림출판

위대한 나의 발견 ★ 강점혁명

STRENGTHS
FINDER 2.0
• from GALLUP •

위대한 나의 발견 ★ 강점혁명
STRENGTHS FINDER 2.0
• from GALLUP •

갤럽 프레스 지음

NOW,
DISCOVER
YOUR
STRENGTHS

청림출판

한 그루의 나무가 모여 푸른 숲을 이루듯이
청림의 책들은 삶을 풍요롭게 합니다.

2017년 갤럽은 강점 진단 도구 '스트렝스 파인더'의 창시자이자
강점 심리학의 아버지 도널드 클리프턴을 기리고자
'스트렝스 파인더'의 명칭을 '클리프턴 스트렝스'로 변경했다.

클리프턴 스트렝스의 창시자이자
미국심리학회(American Psychological Association)가 선정한
강점 심리학의 아버지, 도널드 클리프턴

 차례

제1부 나를 공부해야 하는 이유

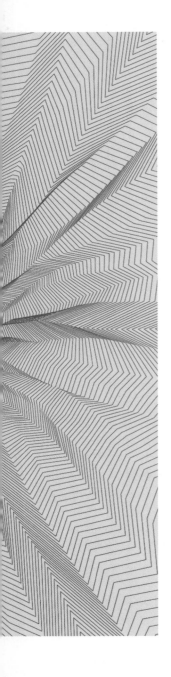

제2부 나의 강점은 무엇인가

STRENGTHS
FINDER 2.0

제1부

나를 공부해야 하는 이유

NOW,
DISCOVER
YOUR
STRENGTHS

인생에서 진짜 비극은
천재적인 재능을 타고나지 못한 것이 아니라,
이미 가지고 있는 강점을
제대로 활용하는 못하는 것이다.

_벤저민 프랭클린

내 안의 잠재력을 찾아서

강점 진단에 흥미를 갖고 이 책을 펼친 당신은 아마도 회사 내 직장상사나 팀장, 멘토의 권유를 받았을 것이다. 이 것은 누군가가 당신의 잠재력에 깊은 관심을 두고 있다는 뜻이다. 누군가가 직장에서, 그리고 당신 자신의 인생에서 당신이 성공하기를 바라고 있다는 뜻이다.

이 책에서 소개하는 대로 자기 자신을 새롭게 발견하는 과정을 거치고 나면 당신은 완전히 달라질 것이다. 지금까지 수없이 많은 사람이 이를 통해 이제껏 겪어보지 못한 최고의 성장을 경험했다.

강점 진단을 받을 때 기억할 점이 있다. 거기에 틀린 답은 없다는 것이다. 자신의 답변이 전부 정답인 시험은 아마 태어나서 처음일 것이다. 강점 진단은 지금까지 당신이 알아온 시험과는 다르다. 당신이 세상을 어떻게 느끼는지 측정하고, 당신이 어떤 사람인지 이해한다. 또한, 당신의 내부에 어떤 것들이 존재하는지, 그리고 당신을 이끄는 힘이 무엇인지를 수치화하여 밝혀줄 수 있는 유일한 시험이다.

강점 진단은 당신이 가진 자연적인 힘을 파악한다. 진단 결과도 색다르다. 무엇이 자신에게 가장 잘 맞는지를 보여주기 때문이다. 갤럽이 클리프턴 스트렝스를 개발하기 전까지 세상에 이런 도구는 존재하지 않았다.

강점 진단 도구에는 갤럽이 50년에 걸쳐 연구한 데이터와 분석 자료가 녹아 있다. 강점 진단 도구의 창시자 도널드 클리프턴 (1924~2003) 박사는 심리학 역사상 가장 유명한 심리학자 중 한 명으로, 강점을 진단하는 도구는 그의 이름을 따서 '클리프턴 스트렝스'라는 명칭을 얻게 되었다.

클리프턴은 사람들이 가진 개인적 성향을 34가지 테마로 분류할 수 있다는 사실을 발견했다. 그리고 이를 타고난 재능이라고 불렀다. 그의 말에 따르면 사람마다 타고난 재능은 다르지만 어쨌든 이는 전부 성취, 승부, 전략 등으로 이루어진 34가지 테마 중 어느 하나에 해당한다. 만약 자신이 가진 가장 강력한 강점 5가지를 파악해서 활용할 수 있다면, 우리는 자신의 강점을 십분 발휘해서 직장생활은 물론 인생 전체에서도 큰 변화를 가져올 수 있을 것이다.

이제 곧, 당신은 클리프턴 스트렝스로 자신의 상위 5가지 테마가 무엇인지를 알게 될 것이다. 클리프턴 스트렝스는 세계 최고 조직들의 교육, 훈련 방법을 사실상 모든 영역에서 바꿔놓고 있다. 포춘 1000대 기업, 비정부 기구(NGOs), 미국 상위권 대학교 중 상당수가 클리프턴 스트렝스를 활용하고 있으며, 해마다 미국 대학교 입학생 네 명 중 한 명이 클리프턴 스트렝스 진단을 받는다.

우리의 가치는
10억 달러 이상이다

자신의 상위 5가지 테마를 알고 적용하면, 그리고 앞으로 살아가면서 크고 작은 조직이나 팀, 학교, 어린이 박물관, 심지어 국가 전체를 이끌 때에도 클리프턴 스트렝스를 통해 얻은 자신의 강점 5가지를 마음에 새기면, 우리는 평생 계속해서 성공하고, 성장하고, 발전할 수 있을 것이다.

물론 다른 교육과 경험, 그리고 기술도 살아가는 데 매우 중요하다. 살아가면서 가능한 많이 배우고 경험하라. 그러나 그러한 배움과 경험과 기술이 자신의 상위 5가지 테마와 완벽하게 어우러지지 않으면, 리더십이 성공적인 결과를 가져올 가능성은 높지 않다.

성장과 발전을 위한 전략은 내가 가진 잠재력을 얼마나 잘 극대화할 수 있는지에 달렸다. 사실 우리는 모두 10억 달러만큼의 가치를 지닌 삶을 영위할 잠재력이 있다. 한 사람 한 사람이 전부 그렇다. 자신의 강점을 내가 가진 가장 큰 자산으로 생각해라. 자신의 약점을 최소화해야 할 지출 비용이라고 생각해라. 그리고 자신의 자산을 얼마만큼 불릴 수 있는지 지켜보아라. 당신의 가치는 10억 달러다.

약점을 무시하는 리더는 절대 성공할 수 없다. 그러나 약점을 기억한 채로 자신의 가장 큰 자산인 강점을 지속해서 적용하면, 우리는 무엇이든 이끌 수 있다. 한 기업의 과장이 아니라, 한 나라의 대통령이나 수상이 될 수도 있고, 학교장, 기업의 CEO, 총장, 전국적으로 명망 높은 교사나 목사, 유명 작가나 과학자, 비영리단체의 회장이 될 수도 있다. 자신의 강점을 발휘할 수 있는 전략만 제대로 세운다면 우리가 이끌지 못할, 세우지 못할, 되지 못할 것은 없다.

수많은 사람들이 자신의 강점을 발견하고 기쁨의 눈물을 흘린다. 그동안에는 자신이 왜 이런 모습인지를 이해하지 못했기 때문이다. 내게도 뭔가 높은 가치를 지닌 강점이 있다는 사실을 깨닫지 못했기 때문이다. 많은 사람이 자신의 강점을 이해하고 자산으로 확립함으로써 무엇이 자신과 잘 맞는지를 이해하자, 거대한 변화가 찾아왔다고 말한다. 그리고 강점의 발견은 이제껏 상상조차 하지 못한 행복과 성공으로 이어졌다고 그들은 입을 모았다. 갤럽에 소속된 과학자인 도널드 클리프턴 박사가 수십 년에 걸쳐 팀과 개인을 대상으로 연구하고 임상 시험해서 얻은 결론을 한마디로 요약하면 다음과 같다.

"자신의 약점을 먼저 파악하고 명확히 이해할 필요는 있지만, 약점은 절대 강점으로 개발될 수 없다. 이상 끝!"

현대 경영의 아버지인 피터 드러커(Peter Drucker)는 이렇게 말했다.

"사람은 오직 강점을 통해서만 성과를 거둘 수 있다. 자신이 전혀 갖지 못한 재능은 물론이거니와, 약점을 토대로 성과를 낼 수 있는 사람은 아무도 없다."

드러커는 또 이런 말도 했다.

"새로운 세계에서 성공하려면 먼저 자신이 어떤 사람인지 알아야 한다. 나는 무엇을 잘하는가? 내가 가진 강점을 잘 발휘하려면 어떤 분야를 배우는 것이 좋겠는가? 그러나 대부분의 사람들은, 심지어 크게 성공한 사람들조차도 이 질문에 대답할 수 있는 것은커녕 생각조차 해본 적이 없다."

당신은 문자 그대로 '모든' 직장과 직무에서 자신의 강점을 효과적으로 활용할 수 있다. 사람들은 주로 일과 관련해서만 강점을 적용하려 하지만, 사실 이는 교회, 학교, 공동체, 가족, 친구 등 인생 전반에서 빛을 발할 수 있다.

지금 당장 자신에게 다음과 같은 질문을 던져보아라. 일과 인생에서 계획을 세울 때, 당신은 약점을 고치려고 하는가, 아니면 강점을 활용하려 하는가?

강점을 활용하는 힘을 아주 잘 보여주는 사례가 하나 있다. 지젤은 워싱턴에 있는 유명 언론사에서 한 부서를 이끄는 부서장으로 채용됐다. 지젤은 자신이 맡은 부서를 훌륭하게 이끌겠다는 포부를 가득 안고 첫 출근을 했다. 그러나 막상 출근해보니, 자신의 일이 상당히 높은 수준의 영업 활동을 요구한다는 사실을 알게 됐다. 부서의 최고책임자인 지젤이 영업 실적을 올리지 못하면 그의 부서는 어떠한 프로젝트도 맡지 못하고 새로운 수익도 낼 수 없으며, 그러면 그와 그 부서는 실패할 수밖에 없었다. 지젤은 영업 활동과 잘 맞지 않는 사람이었기에 이는 그의 커리어로 보나 인생 전체로 보나 심각한 위기였다.

지젤에게 가장 큰 장애물은 전화 영업이었다. 아는 사람 하나 없는 업체에 매일같이 전화를 돌리는 상상만으로도 속이 뒤틀리는 것 같았다. 영업 활동을 할 때면 지젤의 자신감과 의지는 온데간데없이 사라졌다. 이러한 약점 때문에 그가 새로운 직장에서 실패의 쓴맛을 보게 될 것은 불 보듯 뻔한 듯했다.

그러나 지젤이 가진 강점 중 하나는, 사람들이 이해하기 힘든 어려운 개념을 알기 쉽게 전달하기를 좋아한다는 것이었다. 다른 사람들의 직업이나 조직의 미래에 영향을 미칠 만한 복잡한 시사 문제를 쉽게 풀어서 설명함으로써 다른 사람들의 이해를 돕는 것을 즐겼다. 책, 잡지, 뉴스 등을 읽고 똑똑한 사람들에게 그들이 이전에는 이해하지 못했던 개념을 이해할 수 있도록 설명하는 것을 좋아했다.

인생이 온통 어둠에 둘러싸여 있는 것처럼 느껴질 때, 가장 좋은 친구는 언제나 나의 강점이다. 강점을 붙잡는 것만이 나를 둘러싼 이 짙은 어둠을 벗어날 수 있는 단 하나의 출구다.

지젤은 클리프턴 스트렝스로 커리어 코칭을 하는 오랜 멘토에게 도움을 요청했고, 그는 이렇게 조언했다. "당신이 내게 하듯이, 그 사람들에게 몹시 이해하기 어렵고 복잡한 개념을 쉽게 설명해준다는 생각으로 영업 활동에 접근해보는 것이 어때요? 잠재적 거래처와 미팅을 할 때 당신이 가진 강점을 적극적으로 활용하는 거예요. 상품을 구매하도록 설득하는 말 대신에, 무언가를 가르쳐주면서 대화를 시작하는 거죠. 지난 수년간 당신이 내게 해준 것처럼, 그들에게 정말 필요하지만 너무 어려워서 도무지 이해할 수 없을 것 같았던 것들을 알려주면서 시작해보세요."

그는 말을 이었다. "당신의 강점인 배움, 커뮤니케이션, 개별화를 이용해서 그들에게 영향을 미치세요. 그들이 더 나은 성과를 내는 데에 도움이 될 만한 것들을 가르쳐주면 그들은 절대 당신과 거래를 끊지 못할 겁니다."

지젤은 그의 조언을 받아들였고, 부서는 폭발적인 수익을 기록

했다. 심지어 직원 100명을 추가로 채용해야 할 만큼 매출이 늘었다. 그가 일하는 모습을 옆에서 지켜본 사람들은 이렇게 말했다. "지젤은 영업 능력이 아주 출중한 재능 있는 리더야. 무엇이든 맡길 수 있어." 이렇게 그의 커리어는 눈부시게 비상했다.

만약 지젤이 강점과 약점이라는 렌즈를 통해 자신의 역할을 바라보지 못했다면, 그는 훌륭한 리더가 될 잠재력을 갖추고도 그것을 펼칠 기회를 놓쳤을 것이다.

직장에서, 그리고 우리의 일상에서 승리하기 위한 강점 전략은 언제 어디에나 존재한다.

클리프턴 스트렝스 진단은 거기에 훌륭한 첫걸음이 되어줄 것이다. 주변에 혹시 당신을 도와줄 수 있는 강점 전문가가 있는지 팀장에게 문의하라. 코칭 없이는 실질적인 발전이 일어날 수 없다. 질 좋은 코칭이 뒷받침되어야 인생을 변화시킬 돌파구를 만날 확률이 훨씬 높아진다.

좋은 리더가 되는 길은
하나만 있는 것이 아니다

갤럽이 리더십에 대해 밝힌 가장 큰 돌파구는 좋은 리더가 되는 데에 한 가지 길만 있는 것은 아니라는 것이다. 훌륭한 리더에게서 발견할 수 있는 강점의 조합은 무궁무진하다. 빌 게이츠가 가진 강점과 오프라 윈프리의 강점은 완전히 다르다. 제프 베이조스의 강점 역시 일론 머스크나 제이지와는 다르다. 이들은 모두 국가적, 세계적 차원에서 거대한 영향력을 행사하는 훌륭한 리더지만 이들이 리더십을 발휘하는 방식은 제각각이다.

리더십 연구에서 도널드 클리프턴이 세운 가장 큰 업적은 좋은 리더가 갖춰야 할 강점이 어느 하나로 정해져 있지 않다는 결론을 도출한 것이다. 좋은 리더는 자신이 아닌 다른 누군가가 되려고 노력하는 대신, 자기 고유의 강점을 활용해서 리더십을 발휘한다.

만약 당신이 크든 작든 어떤 조직의 리더를 맡고 있다면, 자신의 강점을 명확하게 파악할 때 팀의 효율이 두 배 이상 증가한다는 사실을 명심하라. 단지 자신의 강점을 알고 자각하는 것만으로 한 단계 높은 수준의 리더가 될 수 있다. 나아가, 자신의 팀원이 가지고 있는 강점을 진단하고 토의함으로써 그들의 강점까지 이해할 수 있게 된다면 거기서 한 단계 더 업그레이드된 리더십을 발휘할 수 있다.

그보다 더 높은 단계도 있다. 이를 팀 리더십 '레벨 3'이라고 부르자. 레벨 1에서는 팀 리더가 자신의 강점을 알고 활용한다. 레벨 2에서는 리더뿐 아니라 팀원들도 자신이 가진 고유의 강점을 이해한다. 마지막으로, 리더와 팀원들이 자신의 강점뿐 아니라 다른 사람들의 강점까지도 파악한 상태가 되면 레벨 3에 도달한다.

'레벨 3' 팀은 세계에서 가장 우수한 성과를 보여주는 팀 중 하나가 될 잠재력을 갖는다. 강점 심리학은 각 개인에서부터 시작하는데, 그것만이 팀 전체의 잠재력을 온전히 극대화할 수 있는 유일한 길이기 때문이다.

클리프턴 스트렝스 진단으로 새롭게 발견한 자신의 강점을 고려할 때에는, 세상을 크게 변화시킬 팀을 꾸리려면 내가 가진 상위 5가지 강점을 어떻게 활용하면 좋을지 생각해보도록 한다. 자신의 강점을 최대한 활용할 수 있다면, 우리의 능력과 리더십에 한계는 없다.

당신과 함께하는 조직, 도시, 가족, 친구, 국가는 앞으로 다가올,

인류의 멋진 미래를 위해 당신이 역사적인 공헌을 일궈낼 수 있기를 바라고 있다.

– 2021년 갤럽 회장 겸 CEO, 짐 클리프턴

클리프턴 스트렝스
사용법

자기 자신 그리고 주변 사람들의 강점을 파악하기 위해, 지금 바로 클린프턴 스트렝스 진단을 받아보도록 하자. 진단을 받으려면 이 책에 실린 개별 접속 코드가 필요하다. 소요 시간은 약 30분 정도다.

진단을 완료하고 나면 제2부 '나의 강점은 무엇인가'를 읽자. 제2부에서는 34개 테마 각각에 대해 표준 설명, 해당 테마의 사례, 실행 아이디어, 해당 테마가 강한 사람과 함께 일하는 요령을 소개한다. 클리프턴 스트렝스의 목적은 새로운 강점을 부여하는 것이 아니다. 잠재력이 가장 큰 영역을 발견하는 데 도움을 주는 것이 목적이다. 이제 각 테마를 살펴보자.

STRENGTHS
FINDER 2.0

제2부

나의 강점은 무엇인가

NOW,
DISCOVER
YOUR
STRENGTHS

나의 상위 5개 테마

1. _____

2. _____

3. _____

4. _____

5. _____

STRENGTHS FINDER 2.0

DEVELOPER
개발

개발 테마의 소유자는 사람들의 잠재력을 본다. 사실 그들은 오로지 다른 사람들의 잠재력만을 볼 때가 많다. 그 누구도 완성된 사람은 없다고 생각한다. 오히려 모든 사람은 언제나 성장 과정에 있으며, 다양한 가능성으로 충만하다고 본다.

개발 테마를 가지고 있는 당신은 바로 이런 이유로 사람들에게 끌린다. 당신은 다른 사람들이 성공을 맛볼 수 있게 도우려는 목적을 가지고 그들을 대한다. 언제나 사람들의 도전 의식을 북돋울 방법을 찾는다. 그들에게 한계를 뛰어넘고 성장하는 데 도움이 될 흥미진진한 경험을 할 수 있는 기회를 만들어주려고 노력한다. 그리고 언제나 사람들이 학습이나 교정을 통해 나아진 행동이 있는지, 기량이 아주 약간이라도 향상되었는지, 과거에는 서툴렀지만 탁월해진 부분이나 몰입하는 모습이 보이는지 예의 주시한다. 미미한 성장이라 다른 사람들은 중요하게 생각하지 않지만, 당신은 사람들의 잠재력이 실현되고 있다는 분명한 신호로 받아들인다.

이렇게 사람들이 성장하는 모습들은 당신에게 활력소가 되며, 에너지와 만족감을 가져다준다. 많은 사람들이 도움과 격려를 받기 위해 당신을 찾을 것이다. 당신의 도움이 진실하며 남을 도움으로써 당신 역시 보람을 느낀다는 점을 알기 때문이다.

⋯⋯ 개발 테마가 강한 사람들 ⋯⋯

마릴린(대학 총장)

졸업식에서 간호학과 학생들이 단상 위로 올라가 졸업장을 받으면 뒤쪽에 서 있던 어린아이들이 의자 위로 올라서서 "엄마, 최고예요!"라며 환호성을 지를 때가 있습니다. 바로 졸업하는 학생들의 아이들이죠. 너무나도 사랑스럽고 눈물 없이는 볼 수 없는 광경이죠.

존(홍보 담당 임원)

저는 변호사나 의사처럼 대단한 사람이 아닙니다. 다만 좀 색다른 능력이 있습니다. 제 능력은 사람의 심리를 파악하고 동기를 이해하는 것과 관련이 있습니다. 저는 사람들이 이전에는 생각하지도 못했던 방식으로 자신을 알아가는 것을 도와주거나 제게는 없는 재능을 발휘하는 사람들을 발견할 때 가장 즐겁습니다.

애나(간호사)

환자 중에 폐가 손상돼서 산소 호흡기에 의지해야 하는 젊은 여성분이 있었어요. 그녀는 활기가 전혀 없어 보였어요. 항상 절망적인 표정을 하고 있었죠. 마음이 불안해서 숨이 찬 건지, 숨이 차서 마음이 불안한 건지 분간이 안 될 정도였죠. 어느 날은 이제 일도 못하고 남편도 돌보지도 못한다며 자살 이야기를 꺼내더라고요. 그래서 저는 할 수 없는 일에 대해 생각하지 말고 무엇을 할 수 있는지를 생각해보라고 말했죠. 이후 공예 쪽에 큰 창의성을 가지고 있다는 사실을 알게 되어 "봐요, 할 수 있는 일들이 있잖아요. 무엇이든 즐거운 일이 있다면 그걸 해보세요. 그렇게 시작하는 거예요"라고 말해줬어요. 그랬더니 그녀가 울면서 "기력이 없어 그릇 하나 닦을 힘밖에 없어요"라고 하더군요. 그래서 "오늘은 그릇 하나지만 내일은 두 개를 씻을 수 있을 거예요"라고 말했습니다. 이후 그녀는 온갖 작품을 만들어 판매까지 했답니다.

개발 테마 실행 아이디어

■ 당신이 도와준 사람들의 목록을 만들어보자. 그들은 당신의 도움으로 무엇을 배우고 얼마나 성장했는가. 이 목록을 자주 들여다보면서 당신이 세상에 미친 긍정적인 영향을 떠올려보자.

■ 다른 사람의 성장을 촉진하는 역할을 찾아보자. 당신은 교육, 코칭, 매니지먼트 같은 역할에서 만족감을 느낄 것이다.

■ 사람들이 발전하는 모습을 포착하여 그들에게 당신이 목격한 것을 구체적으로 들려주자. 당신이 관찰한 내용, 즉 어떤 점 덕분에 성공했는지를 알려주면 그들은 더욱 성장할 것이다.

■ 당신 안에 있는 특별한 재능을 알아봐준 멘토를 찾아보자. 당신의 성장을 도와준 사람들에게 감사를 전하는 것도 좋은 방법이다. 과거의 스승을 찾아 편지를 보내 감사의 마음을 전해보자.

■ 개별화 테마가 강한 사람과 파트너 관계를 맺자. 개별화 테마는 개인을 지배하는 재능을 파악하는 데 도움을 준다. 개별화 테마의 도움이 없다면 개발 테마는 다른 사람이 재능을 진정으로 발현시

킬 수 없는 영역에서 재능을 발전시키도록 부추기는 결과를 초래할 수도 있다.

■ 맡은 역할을 수행하는 데 계속해서 고전하는 사람을 지원하는 일은 피하는 것이 좋다. 이런 사람을 위해 당신이 취할 수 있는 가장 좋은 조치는 자신에게 맞는 다른 역할을 찾아보라고 권하는 것이다.

■ 당신은 사람들에게 멘토 역할을 해야 한다는 의무감을 항상 느낀다. 때로는 스스로 감당하지 못할 정도다. 이럴 때는 멘토링에 기본적인 초점을 맞추면서 사람들의 내재적인 성취동기를 충족하려면 언제 그들의 멘토가 되어야 당신의 영향력이 가장 커질 수 있는지를 생각해보자. 사람들에게 가장 가슴에 사무치고 기억에 남는 성장의 순간은, 적절한 시점에 자신의 목표를 명확히 이해하고, 열정에 다시 불을 붙이며, 기회의 눈을 뜨게 하여 인생의 행로를 바꾸는 적절한 말을 들을 때라는 것을 명심하자.

■ 가망이 없어 보이는 일에 에너지를 과잉 투자하지 말자. 인간관계나 업무에서 가장 긍정적인 측면을 보는 개발 테마의 소유자는 때로 더 시의적절한 상황으로 나아가는 데 걸림돌이 되기도 한다.

- 개발 테마의 소유자는 자신의 발전은 잊은 채 다른 사람의 성장에만 투자하곤 한다. 자신에게 없는 것은 남에게 줄 수 없다는 사실을 기억하자. 다른 사람의 행복과 성장에 더 큰 영향을 미치고 싶다면 당신이 계속 성장해야 한다. 당신을 이끌어줄 멘토 또는 코치를 찾아보자.

- 성장을 도와주고 싶은 사람들의 목록을 작성해보자. 그리고 그들이 가진 강점의 특징을 각각 적어본다. 단 15분이라도 그들을 각각 정기적으로 만나 목표와 강점에 대해 이야기할 수 있도록 계획을 세운다.

개발 테마가 강한 사람과 일하기

- 개발 테마가 강한 사람이 스스로를 다른 사람의 발전과 성장을 돕고 격려하는 인물로 인식하도록 북돋아준다. 예를 들면 "그 사람들끼리는 절대 기록을 깨지 못했을 것입니다. 당신의 격려와 믿음이 그들에게 필요한 열정을 당긴 것입니다"라고 말해준다.

■ 다른 사람의 공로를 인정해야 한다면 개발 테마가 강한 사람을 찾아보자. 이들은 칭찬할 만한 성과를 찾아내는 데서 즐거움을 느끼며, 칭찬을 받는 동료는 그 칭찬이 진심에서 우러나왔다는 것을 안다.

■ 개발 테마가 강한 사람에게 당신의 업무적인 성장을 도와달라고 부탁해보자. 다른 사람들이라면 놓치기 쉬운 작은 발전의 단서도 쉽게 찾아낼 것이다.

INDIVIDUALIZATION
개별화

개별화 테마의 소유자는 한 사람 한 사람의 특성에 매료된다. 개별화 테마는 사람들을 어떤 '타입'으로 분류하거나 일반화하는 것을 싫어한다. 개인의 뚜렷한 특성이 가려지는 것을 원치 않기 때문이다.

개별화 테마의 소유자인 당신은 사람과 사람 사이의 개성과 차이에 주목한다. 그리고 본능적으로 사람들이 각자 어떤 스타일을 갖고 있고, 어떤 부분에서 동기를 얻는지, 어떤 식으로 생각하고, 어떻게 대인관계를 구축하는지를 관찰한다. 그리고 사람들이 각각 겪은 독특한 경험을 경청한다.

이 테마는 당신이 어떻게 친구들이 꼭 좋아할 만한 선물을 고르는지, 누구는 공개석상에서 칭찬받는 것을 좋아하고 누구는 싫어하는지를 어떻게 아는지, 왜 어떤 사람에게는 해답을 먼저 제시하고 어떤 사람에게는 혼자 해답을 찾도록 교육의 접근 방법을 달리하는지를 설명해준다.

개별화 테마의 소유자인 당신은 다른 사람의 강점을 너무나 예리하게 관찰하기 때문에 그들의 가장 월등한 부분을 끌어낼 수 있다. 개별화 테마는 생산적인 팀을 구성하는 데에도 도움이 된다. 누군가는 완벽한 팀의 '구조'나 '구성 방법'을 찾기 위해 노력하지만, 당신은 본능적으로 훌륭한 팀을 구성하는 비결을 알고 있다. 당신은 사람들이 각자 가장 잘하는 일을 할 수 있도록 개개인의 강점을 보고 팀을 구성할 수 있다.

⋯⋯ 개별화 테마가 강한 사람들 ⋯⋯

레스(호텔 관리자)

칼은 업무 성과가 가장 좋은 직원 중 한 명이지만 매주 저와 미팅을 갖습니다. 칼이 원하는 것은 단지 약간의 격려와 확인입니다. 그는 미팅 후에는 다시 열의를 갖고 일하지요. 그레그는 자주 미팅을 갖는 것을 좋아하지 않습니다. 그래서 그를 번

거롭게 할 필요가 없어요. 그를 만나는 이유는 그가 아니라 저를 위해서죠.

마샤(출판사 편집자)

저는 가끔 사무실을 벗어나 밖으로 나갑니다. 만화 캐릭터 머리 위의 말풍선 아시죠? 제게는 다른 사람들 머리 위로 그들의 마음을 말해주는 작은 말풍선이 보이고는 해요. 그래서 많은 사람들이 주위에 있을 때는 그들의 소리로 어수선해집니다. 집중을 하려면 나가야 해요. 엉뚱한 소리 같나요? 하지만 제게는 늘 있는 일입니다.

앤드리아(인테리어 디자이너)

사람들은 자신이 어떤 스타일을 좋아하는지 설명을 못합니다. 그래서 저는 이렇게 묻고는 합니다. "집에서 가장 좋아하는 장소가 어디죠?" 그러면 그들은 얼굴이 환해지면서 그곳으로 저를 데려갑니다. 그 장소에서 저는 조각을 맞추듯이 그 사람이 어떤 유형의 사람이고 어떤 스타일을 좋아하는지 파악하곤 합니다.

개별화 테마 실행 아이디어

■ 상담, 감독, 교육, 사회 기사 작성 또는 판매같이 개별화 테마를 활용하고 그 진가를 인정받을 수 있는 직업을 선택하자. 사람들을 고유한 개인으로 보는 당신의 능력은 특별한 재능이다.

■ 자신의 강점과 스타일을 능숙하고 효과적으로 설명할 수 있도록 미리 준비하자. 다음과 같은 질문에 대답해보는 것도 좋다. "지금까지 들은 최고의 칭찬은 무엇입니까?" "관리자와 만나 작업 상황을 확인한다면 횟수는 몇 번이 적당할까요?" "당신이 대인관계를 구축하는 최상의 방법은 무엇입니까?" "당신에게는 어떤 학습법이 가장 효과적입니까?" 그런 다음 동료와 친구들에게도 같은 질문을 해보자. 동료와 친구들이 각자의 강점을 찾아 가장 잘하는 일을 중심으로 미래를 설계할 수 있도록 도와주자.

■ 진정한 다양성은 인종이나 성별, 국적에 관계없이 각 개인의 미묘한 차이에서 발견할 수 있다는 것을 사람들에게 알려주자.

■ 모든 사람을 각기 다른 방식으로 대하는 것이 적절하고, 타당하고, 효과적임을 설명해보자. 개별화 테마가 강하지 않은 사람들은

개인 간의 차이를 보지 못하기 때문에 개별화를 불평등하거나 불공평하다고 주장할 수 있다. 이런 상황에서도 당신은 사람들에게 당신의 관점을 설득력 있게 설명할 수 있어야 한다.

- 팀에서 팀원 각자가 가장 잘하는 것을 찾아보자. 그런 다음 이들이 업무에 자신의 재능, 기술, 지식을 적극 활용하도록 도와주자. 당신이 왜 팀원들의 업무 성과에 관심을 갖는지 당신만의 타당한 이유와 철학을 설명할 수 있어야 한다.

- 개별화 테마는 다른 사람들이 좋아하고 싫어하는 것이 무엇인지 인지하고 이해하며 이를 개인에 맞게 제공할 수 있다. 이로 인해 개별화 테마의 소유자인 당신은 독특한 위치에 올라선다. 개별화 테마를 활용하여 획일적이지 않은 영역을 식별하자.

- 동료와 친구들이 서로 각자가 가진 고유한 요구를 인식하도록 도와주자. 사람들은 다른 사람들의 동기와 행동을 설명해달라며 당신을 찾을 것이다.

- 프레젠테이션을 진행할 때 주제를 청중 개개인의 경험과 연결하면 발언에 대한 몰입도가 커질 것이다. 일반적인 정보나 이론보다는 당신이 가진 개별화 테마의 특성을 이용하여 말하고자 하는 요

점을 효과적으로 관객들에게 전해줄 실제 사례를 수집하여 공유하자.

■ 개별화 테마가 강한 사람은 다양한 방식과 문화 속에서도 편안하게 활동하며 주위 사람들을 대할 때 직관적으로 그 사람 특성에 맞춰서 대한다. 다양성을 존중하고 공동체 의식을 고취시킬 수 있는 당신의 재능을 의식적으로 그리고 적극적으로 활용하자.

■ 개별화 테마는 데이터를 다양하게 해석할 수 있다. 다른 사람들이 비슷한 점을 찾는 동안 당신은 특수한 점을 찾아보자. 당신의 해석은 그들에게 새로운 관점을 제시할 수 있다.

개별화 테마가 강한 사람과 일하기

■ 다른 사람의 관점을 이해하기 어렵다면 개별화 테마가 강한 사람에게 의견을 구해보자. 당신이 자신만의 세상에서 벗어나 다른 사람들의 눈으로 세상을 바라보도록 도와줄 것이다.

- 나만의 재능을 알고 싶고, 군중 속에서 눈에 띄는 방법을 알고 싶다면 개별화 테마가 강한 사람에게 도움을 청하자.

- 직장 동료와 문제가 있을 때는 개별화 테마가 강한 사람과 상의하자. 그들은 당신에게 문제를 어떻게 해결해야 할지 정확하게 조언해줄 것이다.

EMPATHY
공감

공감 테마의 소유자는 주위 사람들의 감정을 매우 잘 느낀다. 다른 사람들의 감정을 마치 자신의 감정처럼 느낄 수 있다. 직관적으로 상대방의 눈으로 세상을 볼 수 있기 때문에 그들은 다른 사람들의 시각을 공유할 수 있다.

그렇다고 공감 테마를 소유한 당신이 모든 사람의 시각에 동의한다는 뜻은 아니다. 곤경에 처한 모든 사람을 반드시 불쌍하게 여기는 것도 아니다. 곤경에 처한 사람을 불쌍하게 여기는 것은 '공감(empathy)'이 아니라 '동정심(sympathy)'이기 때문이다. 당신은 다른 사람들의 선택을 모두 찬성하지는 않더라도 그들이 왜 그런 선택을 했는지 이해할 수 있다. 이렇게 상대방의 감정을 본능적으로 이해할 수 있는 능력에는 강력한 힘이 있다.

공감 테마의 소유자는 상대방이 말하지 않아도, 무엇을 궁금해하고, 어떤 것이 필요한지 예측할 수 있다. 사람들이 감정을 어떻게 표현해야 할지 몰라 고민할 때도 당신은 적절한 단어는 물론 적절한 어조까지 찾아내곤 한다. 당신은 사람들이 자신의 감정을 다른 사람들에게뿐 아니라 스스로에게도 적절하게 표현할 수 있는 단어를 찾아준다. 사람들의 마음에 어울리는 목소리를 찾아주는 것이다. 이런 모든 이유 때문에 사람들은 당신에게 끌린다.

······ 공감 테마가 강한 사람들 ······

앨리스(관리자)

최근에 이사회 회의에서 한 직원이 본인은 물론이고 조직에도 중요한 의미가 있는 새 아이디어를 발표하는 것을 봤습니다. 하지만 발표가 끝날 때까지 발표 내용을 진지하게 들은 사람은 아무도 없었습니다. 그녀의 사기가 확 꺾인 것이 얼굴에 보였고, 이후 하루 이틀은 평소 모습답지 않았어요. 결국 저는 그 문제에 대해 이야기를 꺼내면서 그녀가 자신의 기분을 설명할 수 있는 말을 건넸습니다. "문제가 있군요"라고 말하자 그녀가 이야기하기 시작했습니다. 그래서 제가 "이해합니다. 당신에게 매우 중요한 일이었을 텐데…. 요즘 당신답지 않은 걸 보면 상심이 컸나 봐요"라고 말했죠. 결국 그녀가 속마음을 털어놓았습니다. 또한 그녀 이야기를 경청해주고 그에 대해 말 한마디라도 건네준 사람은 저뿐이라고 했습니다.

브라이언(관리자)

팀에서 의사 결정을 할 때 저는 사람들에게 보통 "이 의견에 대해 이 사람은 뭐라고 할까요? 저 사람은 어떻게 반응할까요?"와 같은 질문을 던집니다. 즉 다른 사람의 입장과 관점에서 우리의 결정을 바라본다면 더 설득력을 가질 수 있다고 생각하는 것이죠.

재닛(교사)

제가 어렸을 땐 여자 농구가 없었어요. 그렇기 때문에 저는 농구를 직접 해본 적은 없어요. 하지만 농구 경기를 관람할 때에는 경기 흐름이 바뀌는 걸 확실히 알아챌 수 있어요. 당장 코치에게 달려가서 "선수들에게 힘을 불어넣어주세요. 지고 있다고요"라고 말하고 싶죠. 저의 공감 테마는 사람들이 많이 모인 곳에서도 발휘가 돼요. 저는 언제 어디서라도 군중의 기운을 느낄 수 있답니다.

공감 테마 실행 아이디어

- 누군가 어려움에 빠져 있을 때 친구와 동료들이 이를 알아챌 수 있도록 도와주자. 대부분의 사람들은 민감한 상황을 알아차리는 능력이 당신에 비해 부족하다.

- 당신이나 다른 사람들에게 유해한 방식으로 행동하는 사람이 있다면 빠르고 단호하게 조치를 취하자. 당신이 다른 사람의 감정적인 상태를 이해한다고 해서 부적절한 행동까지 용납해야 하는 것은 아니다. 공감이 동정으로 변하는 순간 다른 사람들은 당신을 '지나치게 동정심이 많은 사람'으로 생각할 수도 있다.

- 주도력 또는 행동 테마가 강한 사람과 파트너 관계를 맺자. 그들이 다른 사람을 불편하게 만들더라도 당신이 그들에게 필요한 조치를 취할 수 있게 도와줄 수 있을 것이다.

- 믿을 수 있는 친구 또는 멘토 역할로 다른 사람에게 도움을 주자. 신뢰는 당신에게 무엇보다 중요한 요소이며, 사람들은 자신이 원하는 것을 표현하기 위해 당신을 만나는 것을 편안하게 느낀다. 당신의 신중함과 진심으로 돕고자 하는 의지는 높이 평가된다.

■ 간혹 남을 위한 공감력이 당신을 압도할 수 있다. 하루의 일과가 끝날 때 업무가 완료되었음을 알려주는 의례적인 절차를 만들어 보자. 당신의 감정을 보호하고 정서적으로 녹초가 되는 것을 막을 수 있다.

■ 공감 테마가 강한 친구를 찾아 당신이 관찰한 내용이 맞는지 확인해보자.

■ 다른 사람의 감정을 예리하게 포착하는 당신은 사람들 사이에 흐르는 감정적 분위기를 쉽게 알아챌 수 있다. 당신의 이런 재능을 활용하여 사람들이 서로를 이해하고 지원하는 '다리(bridge)'를 만들자. 공감 테마는 어려운 시기에 특히 중요하다. 관심과 배려를 보여주면 사람들의 충성심이 고취되기 때문이다.

■ 다른 이들의 행복한 모습을 보는 것은 당신에게도 즐거운 일이다. 그래서 당신은 다른 사람들의 성공을 밝게 조명해주고 그들의 성과를 긍정적인 방향으로 더욱 발전시키기 위한 기회를 잘 포착한다. 그런 기회가 올 때마다 그들이 이뤄낸 성과를 인정하고 이에 감사하는 따뜻한 말을 건네보자. 이런 당신의 모습은 사람들에게 깊은 인상을 남기면서 큰 호감을 준다.

- 공감 테마가 강한 사람은 다른 사람의 감정을 관찰하는 능력이 뛰어나기 때문에 어떤 일이든지 세상에 널리 알려지기 전에 상황이 어떻게 벌어질지 직감적으로 안다. 당신의 직감은 간혹 '예감'처럼 보일 수 있지만 이런 직감에 의식적으로 주목하자. 이 직감은 귀중한 자산이 될 수 있다.

- 때때로 공감에는 말이 필요없다. 다른 사람의 마음을 편하게 하는 데에는 친절한 제스처만으로도 충분하다. 공감 테마를 활용해 말없이 따뜻한 눈빛이나 미소를 보내거나 어깨를 두드려줌으로써 다른 사람을 위로해주자.

공감 테마가 강한 사람과 일하기

- 조직 내 특정한 사람의 감정을 파악해야 한다면 공감 테마가 강한 사람에게 도움을 요청하자. 공감 테마가 강한 사람은 다른 사람의 감정에 민감하다.

- 당신이 공감 테마가 강한 사람에게 특정 행동을 하기 전에 그들

이 관련 문제에 대해 어떻게 느끼는지, 또 주변 사람들은 상황을 어떻게 느끼는지를 살펴보자. 이들에게는 다른 실질적인 요소만큼이나 감정도 중요하기 때문에 그와 관련된 결정을 내릴 때는 반드시 감정이 고려되어야 한다.

■ 직원이나 고객이 특정 행동의 필요성을 이해하지 못할 때 공감 테마가 강한 사람에게 도움을 청하자. 직원이나 고객이 놓치고 있는 것을 감지할 수 있기 때문이다.

CONSISTENCY
공정성

공정성 테마의 소유자에게는 균형이 중요하다. 공정성 테마의 소유자인 당신은 사람들이 어떤 상황에 처해 있든지 똑같이 대해야 한다고 생각한다. 당신은 저울의 추가 어떤 한 사람에게 유리하게 기울어지는 것을 바라지 않는다. 당신은 이것이 이기주의와 개인주의를 가져오고 일부 사람들이 자신의 인맥이나 배경 또는 뇌물 등을 통해 부당 이득을 얻는 세상으로 이어진다고 생각한다.

당신은 공정하지 않은 환경을 진심으로 혐오한다. 자신을 이를 막는 수호자라고 생각한다. 당신은 일부에게 특혜를 주는 환경이 아니라, 분명하게 세워진 규칙이 평등하게 적용되는 공정한 환경에서 사람들이 최고의 역량을 발휘할 수 있다고 믿는다.

이런 환경에서 사람들에게 기대하는 바가 무엇인지는 명확하다. 이렇게 예측할 수 있고, 평등하고 공평한 환경에서 모든 사람은 스스로의 가치를 발휘할 공평한 기회를 갖게 된다.

⋯⋯ 공정성 테마가 강한 사람들 ⋯⋯

사이먼(호텔 총지배인)

선임 매니저들이 주차권을 남용하거나, 대기 중인 고객이 있는데도 자신들의 지위를 이용해 순서를 무시하고 먼저 골프를 치는 일이 없도록 항상 주의를 주고 있습니다. 매니저들은 물론 달가워하지 않지만 저는 특권을 남용하는 부류를 정말 싫어하거든요. 그리고 시간제 근로자들과 가능한 많은 시간을 함께하며 그들을 최대한 존중하려고 노력합니다.

제이미(잡지 편집자)

저는 항상 약자를 응원하는 사람이에요. 주변의 어쩔 수 없는 상황 때문에 공정한 기회를 얻지 못하는 건 너무 안타깝잖아요. 이런 생각을 실천으로 옮기기 위해 모교에 장학금을 지원하려고 해요. 형편이 어려운 신문방송학과 학생들이 등록금 부담에서 벗어나 넓은 세상에서 인턴십을 체험할 수 있도록 도우려고요. 저는 NBC 뉴욕 지사에서 인턴으로 일할 때 가정 형편이 나쁘지 않은 운 좋은 학생이었어요. 하지만 가정 형편이 좋지 못한 학생들도 공정한 기회를 누릴 수 있어야죠.

벤(프로젝트 관리자)

　　　　　　저는 합당한 사람에게 공로를 돌려야 한다고 생각해요. 회의에서 부하직원의 아이디어를 발표하게 되면 누가 아이디어를 냈는지도 밝힙니다. 그 이유는 제 상사들도 제게 그렇게 해주었기 때문이에요. 이보다 더 공정하고 적절한 행동 규범은 없다고 생각해요.

공정성 테마 실행 아이디어

- 생활의 기준이 되는 공정한 규칙 목록을 만들자. 당신이 중요하게 생각하는 특정 가치 또는 '타협 불가능'한 것으로 생각하는 특정 정책을 고려하여 규칙을 세울 수도 있다. 공정성 테마가 강한 사람은 이런 규칙을 명확하게 세울수록 경계 안에서 드러나는 다

른 사람들의 특성이나 행동을 더 편안하게 받아들인다.

- 공평한 조건을 제시할 권한이 있는 역할을 찾아보자. 직장이나 지역사회에서 불리한 위치에 있는 사람들에게 그들의 진정한 가능성을 발현하는 데 필요한 토대를 제공하는 리더가 되어보자.

- 진정으로 칭찬받을 만한 사람들을 정확히 가려낸다는 평판을 쌓고, 실제로 그런 사람들이 인정을 받을 수 있게 하자. 당신은 조직 또는 그룹의 양심으로 알려질 것이다.

- 규범 준수를 시행시킬 수 있는 역할을 맡자. 항상 규칙을 위반하거나 뇌물 등을 이용해 부당 이득을 챙기는 사람들에게 이의를 제기할 준비를 하자.

- 성과에 중점을 두자. 때로는 공정성 테마로 인해 누군가가 일을 어떻게 진행하는지에만 치중한 나머지 그들이 어떤 성과를 냈는지는 알아채지 못할 수도 있다.

- 당신은 공평함에 가치를 두기 때문에 상황에 맞게 규칙을 바꾸는 사람을 다루기가 쉽지 않다. 공정성 테마는 규칙과 정책, 절차가 전반적으로 균일하게 적용될 수 있게 이를 분명히 명시하는 데 도

움을 준다. 이러한 규칙이 확실히 명시되었는지 확인하는 로드맵을 마련해보자.

■ 최상화나 개별화 테마가 강한 사람과 파트너 관계를 맺자. 이들은 당신에게 개별적 차이를 수용해야 하는 상황을 일깨워줄 것이다.

■ 항상 자신이 전하는 내용을 실천해야 한다. 이를 통해 당신이 속한 조직이나 그룹에서 평등을 지향하는 풍조를 조성하고 평화로운 규칙 준수를 장려할 수 있을 것이다.

■ 사람들은 당신의 약속과 행동 사이에서 드러나는 일관적이고도 꾸밈없는 헌신에 감사할 것이다. 강한 저항에 직면하더라도 항상 당신이 믿는 것을 옹호하라. 그러면 사람들은 당신을 오래도록 신뢰할 것이다.

■ '즐겁지 않은' 뉴스를 전해야 할 때는 공정성 테마를 활용하면 좋다. 당신은 다른 사람들에게 결정 이면에 있는 이유를 납득시킬 수 있는 능력을 타고났다. 그래서 다른 사람들과 당신 스스로에게 상황을 명확하게 설명해 일을 쉽게 해결한다.

공정성 테마가 강한 사람과 일하기

■ 공정성 테마가 강한 사람은 예측 가능하고 효과적인 패턴을 사용할 때 가장 편안하게 느낀다. 상황이 급변할 경우 공정성 테마가 강한 사람에게는 도움이 필요하다.

■ 공정성 테마가 강한 사람은 실용적인 것을 추구하기 때문에 브레인스토밍이나 장기 계획 수립과 같은 추상적인 업무보다 작업을 완수하거나 결정을 내리는 일을 선호한다.

■ 회사 내에서 프로젝트 완료 후에 사람들의 공적을 칭찬할 때가 되면, 공정성 테마가 강한 사람에게 개개인의 기여도를 알려달라고 하자. 개개인이 수행한 일들을 제대로 보고해줄 것이다.

긍정

긍정 테마의 소유자는 칭찬에 관대하고, 잘 웃으며, 항상 주어진 상황에서 긍정적인 면을 찾는다. 당신을 낙천적이라 말하는 이들도 있고, 당신의 긍정적인 시각을 부러워하는 사람들도 있다. 어느 쪽이 건 모두 당신과 함께 있는 것을 좋아한다. 함께 있으면 당신의 열의에 전염되어 세상이 더 밝게 느껴지기 때문이다.

당신과 같은 활기와 긍정적인 마음이 없는 사람들에게는 삶이 단조롭고 무료하며 심지어는 압박감으로 인해 두 어깨가 무겁게만 느껴진다. 당신은 이런 사람들의 마음을 가볍게 만드는 방법을 잘 찾아내는 편이다. 당신은 모든 프로젝트에 재미를 가미하여, 무언가를 성취할 때마다 이를 축하한다. 당신은 모든 일을 더 흥미롭고 더 활기차게 만드는 방법을 찾아낸다.

　일부 부정적인 사람들이 당신의 활력에 거부 반응을 보여도, 당신은 좀처럼 낙담하지 않는다. 당신은 어떤 경우에도 살아 있는 것에 감사하고, 일을 즐기며, 어떤 장애가 닥쳐도 유머 감각을 잃어서는 안 된다는 신념을 가지고 있다.

⋯⋯ 긍정 테마가 강한 사람들 ⋯⋯

게리(항공 승무원)

　　　　　　항공기에 탑승하는 승객이 아주 많기는 하지만 저는 수년째 한두 명을 선정하여 특별한 시간을 만들어줍니다. 물론 모든 승객에게 공손하게 대하고 전문적인 서비스를 제공하지만 이에 더해 한 사람, 한 가족 또는 소규모 그룹에게 농담과 대화, 제가 할 줄 아는 소규모 게임을 제공하여 승객들에게 특별 대우를 받고 있다는 느낌을 갖게 하려고 노력합니다.

앤디(인터넷 마케팅 임원)

　　　　　　저는 사람들에게 도움이 될 법한 것들을 이야기하는 것이 좋습니다. 잡지에서 새로운 가게, 새로운 립글로스 등

재미있는 것을 발견하면 사람들에게 그 정보를 알립니다. "오, 이 가게에 한번 가보세요. 정말이지 너무 좋아요. 이 사진 좀 보세요. 한번 확인해보세요." 제가 워낙 열성적으로 말하기 때문에 주변 사람들은 제 말대로 하곤 하죠. 물론 이것은 제가 뛰어난 영업사원이라는 의미는 아닙니다. 사실 그 반대에 가깝죠. 전 거래를 해달라고 조르는 것을 싫어해요. 남을 귀찮게 하는 것은 질색입니다. 단지 사람들은 제가 열정을 담아 이야기하는 것을 보고 '와, 진짜 좋은가 보다'라고 생각하는 것 같아요.

서니(커뮤니케이션 관리자)

세상에는 병적으로 부정적인 사람들이 많습니다. 우리에게는 긍정적인 사람이 더 많이 필요합니다. 긍정적인 사람들은 이 세상에서 올바른 것이 무엇인지에 온 관심을 집중하는 사람이죠. 부정적인 사람들은 제 기분을 울적하게 만듭니다. 이전 직장에서는 매일 아침 우리 사무실을 방문하여 저를 울적하게 만드는 사람이 한 명 있었습니다. 저는 고의적으로 그를 피했습니다. 그가 오는 것을 보면 저는 화장실이나 다른 장소로 달아나곤 했죠. 그는 항상 이 세상을 비참한 곳으로 느끼게 만들었습니다. 저는 그런 그가 싫었습니다.

긍정 테마 실행 아이디어

■ 당신은 긍정적인 측면을 강조하는 역할을 수행할 때 빛을 발한다. 누군가를 가르치거나 물건을 팔 때, 혹은 경영자나 리더 역할을 수행할 때 상황을 감격적으로 만들 수 있는 당신의 능력을 최대한 활용할 수 있다.

■ 당신은 누구보다 열정적이고 에너지가 넘친다. 사람들이 용기를 잃거나 위험을 감수해야 할지를 두고 망설일 때, 당신은 그들이 앞으로 나아갈 수 있게 자극한다. 시간이 지날수록, 사람들은 용기를 북돋우는 당신을 찾을 것이다.

■ 친구와 동료들에게 동기를 부여하는 활동을 계획해보자. 예를 들어 소소한 성과를 기념하는 이벤트를 마련하거나, 모두가 기대할 만한 정기적인 축하 행사를 계획하거나, 해마다 돌아오는 명절과 휴가를 활용할 방법 등을 찾아보자.

■ 당신이 열정적인 것이 그저 순진해서가 아니라는 것을 주위 사람들에게 알려야 한다. 긍정 테마의 소유자는 자신에게도 안 좋은 일이 생길 수 있다는 것을 알고 있지만 긍정적인 면에 초점을 맞

추고 싶을 뿐이다.

■ 당신은 사람들을 격려할 때 큰 기쁨을 느낀다. 다른 사람들을 아 낌없이 칭찬하고 이를 더욱 구체적으로 표현하자. 당신의 감정을 구체적이고 실질적이며 개인적인 감사와 인정의 표현으로 바꾸 어 사람들에게 전달하도록 꾸준히 노력하자.

■ 긍정 테마의 소유자는 그 재능을 보호하고 발전시키는 데에도 신 경을 써야 한다. 습관적으로 불평, 불만을 늘어놓는 사람들을 멀 리하고, 낙관적인 측면을 격려하고 발전시키는 긍정적인 환경을 조성하는 데 시간을 투자하자.

■ 어려움에 신경 쓰지 않는 척할 필요는 없다. 당신은 거의 모든 상 황에서 긍정적인 면을 찾아내지만 부정적인 면을 모르거나 외면 하는 것이 아니라는 사실을 다른 사람들이 알아야 한다. 당면한 과제를 확실히 인지했으며 낙관론을 유지하는 이유에 대해 사람 들과 소통해야 한다. 당신의 긍정적인 접근 방식이 현실에 근거를 두고 있다는 것을 다른 사람들이 깨달을 때 당신의 긍정성은 가장 강력한 힘을 발휘한다.

■ 사람들은 당신에게 의지해 일상에서 겪는 좌절을 극복하곤 한다.

따라서 항상 좋은 이야기와 농담, 격언을 많이 준비해두자. 당신이 사람들에게 미치는 영향을 절대 간과하지 말자.

- 부정적인 사람은 피하자. 그들은 당신을 낙담하게 만들 것이다. 대신 이 세상에서 당신과 같은 열정과 유머를 찾아내는 사람들을 찾아보자. 서로에게 힘이 될 것이다.

- 사람들이 지금 잘되고 있는 일을 볼 수 있도록 도와주자. 당신은 사람들이 긍정적인 면을 볼 수 있게 만든다.

긍정 테마가 강한 사람과 일하기

- 긍정 테마는 일터에 생기와 에너지를 불어넣는다. 긍정 테마가 강한 사람은 조직을 긍정적이고 역동적으로 만들 것이다.

- 긍정 테마가 강하다고 해서 늘 기분이 좋은 것은 아니다. 긍정 테마가 강한 사람은 그들의 유머와 긍정적인 태도를 통해 사람들이 각자의 일에 더 흥미를 느낄 수 있도록 만든다. 긍정 테마가 강한

사람에게 이런 강점을 상기시켜주고 그 강점을 사용할 수 있도록 격려해주자.

■ 냉소적인 태도는 긍정 테마가 강한 사람들의 의욕을 꺾는다는 것을 인지하자. 긍정 테마를 가졌다고 부정적인 사람들의 기분을 풀어주는 일을 즐길 것이라고 생각하면 오산이다. 긍정적 태도에 불을 지피기만 하면 되는 본래 긍정적인 사람들에게 힘을 불어넣을 때 긍정 테마의 진가가 발휘된다.

FUTURISTIC
미래지향

"미래가 이러이러하면 좋지 않을까?"

미래지향 테마의 소유자는 당면한 현실 너머를 바라보는 사람이다. 당신은 미래에 매혹된다. 마치 벽에 투사된 그림을 보는 것처럼, 당신의 눈에는 미래의 모습이 상세하게 보인다. 이 상세한 그림에 끌려 당신은 앞을 향해, 내일을 향해 나아간다. 그림의 구체적인 내용은 당신이 가진 다른 강점과 관심사에 따라 달라지겠지만, 이 그림은 언제나 당신에게 더 좋은 제품, 더 훌륭한 팀, 더 행복한 인생, 또는 더 나은 세상 등에 대한 영감을 준다.

당신은 미래의 가능한 모습을 꿈꾸는 사람이며 이러한 자신의 비전을 소중하게 여긴다. 현재 상황이 너무 힘들고, 주변 사람들이 현실에만 치중할 때면, 당신은 미래에 대한 비전을 떠올리는 방법으로 기운을 낸다. 이런 당신의 비전은 다른 이들에게도 활력을 준다.

사실 사람들은 당신이 생각하는 미래 비전을 듣고 싶어한다. 자신에게 희망과 활기를 줄 수 있는 비전을 원한다. 당신은 사람들에게 그 비전을 그려줄 수 있다. 단어를 신중히 선택하고, 비전을 최대한 생생하게 전달해보자. 사람들은 당신이 가져다주는 희망을 품고 싶어한다.

······ 미래지향 테마가 강한 사람들 ······

댄(학교 관리자)

저는 어떤 상황이든지 이렇게 묻습니다. "이러이러한 것에 대해 생각해봤습니까? 만약 이렇게 하면 어떨까요? 불가능하다고 생각하지 않아요. 단지 아무도 시도해보지 않은 것뿐이니까요. 우리가 할 수 있는지 한번 시도해보자고요." 저는 항상 현상 유지를 뛰어넘는 방안을 찾습니다. 사실 현상이라는 건 실제로 존재하지 않아요. 앞으로 가고 있거나 뒤로 가고 있거나 둘 중 하나죠. 적어도 제 관점에서 삶의 현실은 그래요. 그런데 제 직종은 지금 뒤로 가고 있는 것 같아요. 공립학교는 지금 사립학교, 차터스쿨(자율형 공립학교), 홈스쿨, 사이버 학교 등에 점점 밀리고 있죠. 전통에서 벗어나 새로운 미래를 창조하는 일이 필요해요.

잔(내과 전문의)

저희 메이오클리닉에서는 '입원 환자 전문의'라는 제도를 만들어 시행할 예정입니다. 입원한 환자를 이 의사, 저 의사에게 넘기는 것이 아니라 전문의 그룹이 담당하는 거죠. 다양한 성별과 인종으로 구성된 15~20명의 전문의와 20~25명의 임상 간호사로 이뤄진 그룹입니다. 새롭게 제공하게 될 병원 서비스도 4~5가지가 있는데 대부분 외과 치료와 관련된 것으로, 수술을 위한 부수적인 보살핌뿐 아니라 노인 입원 환자를 보살피는 것까지 포함되어 있습니다. 서비스 모델을 완전히 새롭게 정의했죠. 환자가 병원 안에 있을 때만 보살피는 개념을 벗어나는 것입니다. 만약 환자가 무릎 관절을 교체하러 내원했다면 전문의 팀이 수술 전에 환자를 만나고 수술 당일부터 입원 기간 동안 지속적으로 상태를 확인합니다. 6주 후에 환자가 내원하면 수술 경과를 확인합니다. 환자에게 토털 케어 서비스를 제공함으로써 담당자 교체로 인한 모든 문제를 없애려고 합니다. 이 제도를 시행하는 데 앞서 해결해야 할 자금 조달 문제는 세부적으로 구상한 아이디어가 있어 부서 대표를 대상으로 꾸준히 설득했습니다. 아이디어를 현실적으로 잘 다듬었기 때문에 병원에서는 결국 자금을 지원하게 될 것입니다.

미래지향 테마 실행 아이디어

■ 미래에 대한 당신의 아이디어가 도움이 될 수 있는 직업을 선택하자. 예를 들어 기업가로 활동하거나 사업(프로젝트)을 새로 시작할 때 당신은 빛을 발할 수 있다.

■ 시간을 내서 미래에 대해 생각해보자. 미래에 대한 아이디어를 생각하는 시간이 늘수록 아이디어는 더 선명해질 것이다. 그리고 아이디어가 선명해질수록 당신의 설득력은 더 강해질 것이다.

■ 미래에 대한 당신의 아이디어를 높이 평가해주는 사람들을 찾자. 그들은 당신이 미래에 대한 아이디어를 실현하리라 기대할 것이고, 그런 기대는 당신에게 의욕을 불어넣어준다.

■ 미래지향 테마가 강한 친구나 동료를 찾아 한 달에 한 시간씩 '미래'에 대해 대화해보자. 서로를 자극하여 미래를 더욱 창의적이고 선명하게 그리게 될 것이다.

■ 행동 테마가 강한 사람과 파트너 관계를 맺으면 좋다. 행동 테마가 강한 사람은 미래는 발견하는 것이 아니라 오늘 한 행동으로

만들어가는 것임을 상기시켜준다.

- 당신은 미래에 대한 비전으로 다른 이들을 고무시키지만 종종 너무 포괄적이어서 이해하기 어려울 수도 있다. 비전을 설명할 때는 생생한 단어와 은유로 미래를 자세히 묘사하자. 스케치, 단계별 실천 계획 또는 실물 모형을 통해 생각과 전략을 구체적으로 표현하면 다른 사람들이 당신의 의도를 더 쉽게 파악할 수 있다.

- 비전을 행동으로 옮기는 사람들을 곁에 두자. 그들은 미래지향 테마를 가진 당신과 함께함으로써 짜릿한 기분을 느낄 것이며 당신은 이들의 에너지를 이용해 비전을 실현하는 추진력을 얻을 수 있다.

- 미래지향적 사고를 논리적으로 뒷받침할 자료를 준비하라. 성공적인 미래 모습에 대한 당신의 흥미로운 비전은 실현 가능성에 뿌리를 두고 있을 때 사람들의 가장 큰 호응을 이끌어낼 것이다.

- 미래지향 테마는 가이드 또는 코치가 되는 데 좋은 자질이다. 당신과 달리 다른 사람들은 당면한 현실 너머를 내다보기가 쉽지 않다. 어떤 이가 무엇이 되거나, 무엇을 할 수 있다는 생각이 들더라도 그들이 그 가능성을 알고 있다고 생각하지 마라. 가능하면

생생하게 당신에게 보이는 것을 공유하라. 이를 통해 당신은 그 사람이 앞으로 나아가도록 영감을 불어넣을 수 있다.

■ 미래지향 테마가 강한 사람은 미래를 상상하는 것이 자연스럽다. 기술, 과학 등에 대한 기사를 읽어 상상력을 북돋을 지식을 쌓자.

미래지향 테마가 강한 사람과 일하기

■ 미래지향 테마가 강한 사람은 미래를 위해 산다는 점을 명심하자. 이들의 커리어, 소속 조직, 더 넓게는 활동하는 시장 또는 분야 전반에 대한 비전을 말해달라고 부탁하자.

■ 가능성에 대해 자주 이야기하여 그들을 자극하자. 질문을 많이 하는 것이 좋다. 미래지향 테마가 강한 사람이 생각하는 미래를 최대한 생생하게 그릴 수 있도록 도와주자.

■ 미래지향 테마가 강한 사람이 관심을 가질 만한 데이터나 자료를 보내주자. 그들에게는 미래지향 방앗간에서 빻을 곡물이 필요하다.

IDEATION
발상

발상 테마의 소유자는 아이디어에 매료된다. 아이디어란 무엇인가? 이는 세상사를 가장 잘 설명해주는 어떤 원리나 이념이다. 당신은 복잡한 현상의 근본 원인을 설명해주는 명쾌하고 단순한 원리를 발견할 때 기쁨을 느낀다. 아이디어는 연결고리다. 당신은 항상 연결고리를 찾는다. 그래서 서로 관련이 없어 보이는 별개의 현상들이 눈에 띄지 않는 연결고리로 연결되어 있는 것을 발견할 때 흥미를 느낀다. 아이디어는 또한 익숙한 문제를 바라보는 새로운 시각이다. 당신은 우리 모두가 알고 있는 세계를 뒤집어서 전혀 새로운 각도, 즉 생소한 깨우침을 주는 시각으로 보는 것에 즐거움을 느낀다.

당신은 이런 모든 종류의 발상과 아이디어들을 사랑한다. 왜냐하면 이들은 심오하고, 참신하고, 엉뚱하며 기존과는 다른 시각과 명확성을 제공하기 때문이다. 이런 모든 이유로 인해, 당신은 새로운 아이디어가 떠오를 때마다 기운이 샘솟는다.

사람들은 당신을 '창의적이다', '독창적이다', '발상력이 풍부하다' 또는 '똑똑하다'고 표현할 수도 있다. 어쩌면 당신은 이 모두에 해당될 수도 있다. 어느 누가 확신할 수 있겠는가? 하지만 확실한 것 하나는 아이디어가 당신을 신바람 나게 만든다는 점이다. 이것만으로 당신은 만족한다.

····· 발상 테마가 강한 사람들 ·····

마크(작가)

저는 여러 현상 간의 연결고리를 찾는 일을 좋아합니다. 언젠가 루브르 박물관으로 〈모나리자〉를 보러 간 날, 모퉁이를 돌자 수많은 사람들이 모나리자를 찍기 위해 플래시를 터트리는 모습을 보고 눈을 뗄 수가 없었어요. 어찌된 이유인지 그 모습을 기억했고, '플래시 촬영 금지' 표지가 있기에 그것도 함께 기억해두었죠. 플래시 불빛이 그림에 안 좋은 영향을 줄 수 있다는 내용을 어디선가 읽은 적이 있어서 이상하게 여겼던 것 같아요. 그 후

6개월 정도 지나, 〈모나리자〉의 진품이 금세기 들어 두 번 이상 도난당했다는 글을 읽었죠. 갑자기 머릿속의 조각들이 짜 맞춰졌어요. 루브르에 전시된 모나리자 작품이 진품이 아니라면 이 모든 상황이 설명됩니다. 모나리자가 도난당했다는 걸 인정하면 박물관 측에서 부주의를 인정해야 하니 모조품을 걸어놓은 거죠. 제 추측이긴 하지만 정말 재미있는 이야기 아닌가요?

앤드리아(인테리어 디자이너)

저는 모든 게 잘 들어맞지 않으면 신경이 많이 쓰여요. 제게 모든 가구는 아이디어를 상징하고, 각각 독자적인 기능을 수행하는 동시에 다른 모든 가구들과 훌륭한 조화를 이뤄야 해요. 각 가구에 담긴 아이디어가 제 마음속에 너무나 강력히 남아 있어서 모두 잘 발현되어야만 직성이 풀립니다. 만약 의자 여러 개가 놓인 방에 앉아 있는데, 각 의자의 종류가 잘못 선택되었거나 방향이 잘못되었거나 탁자에 너무 바짝 붙어 있거나 해서 각각의 기능을 만족시키지 못하면 곧 제 몸이 불편해지고 정신이 사나워집니다. 이런 상황이 계속 머리에 남아 새벽 세 시에 잠에서 깨 그 집으로 들어가 가구 배치를 바꾸고 벽면을 다시 칠하는 상상을 합니다. 이런 버릇은 제 기억에는 어린 시절인 일곱 살 때부터 생기기 시작했어요.

발상 테마 실행 아이디어

■ 발상 테마의 소유자에게는 마케팅, 광고, 언론, 디자인, 신제품 개발처럼 아이디어로 인정을 받고 돈을 버는 직업이 적합하다.

■ 발상 테마의 소유자는 금세 싫증을 내는 유형이므로 직장이나 가정에서 작더라도 변화를 만들어보는 것이 좋다. 실험을 해보자. 자신을 상대로 정신적 게임을 하는 것이다. 소소한 변화들이 영감을 불러일으키는 데 도움이 될 것이다.

■ 생각과 아이디어를 완성한 다음에 사람들에게 전달하자. 발상 테마가 부족한 이들에게는 흥미롭지만 불완전한 아이디어를 연결할 능력이 없기 때문에 당신의 완성되지 않은 생각을 무시할 수 있다.

■ 당신의 모든 아이디어가 실용적이거나 쓸 만한 것은 아니다. 아이디어를 수정하는 방법을 배우거나 아이디어를 '증명'하고, 있을 수 있는 함정을 식별할 수 있는 친구나 동료를 찾아보자.

■ 당신의 발상 테마가 어디서 활력을 얻는지 파악하라. 가장 좋은 아이디어가 떠오르는 때는 언제인가? 사람들과 대화를 나누는 때

인가? 독서를 할 때인가? 다른 사람의 말을 경청하거나 다른 사람의 태도를 관찰할 때인가? 최고의 아이디어가 떠오르는 상황을 기록하고 재현해보자.

■ 자료를 읽을 시간을 미리 계획하라. 다른 사람들의 아이디어와 경험이 새로운 아이디어를 위한 자료가 될 수 있다. 생각은 당신에게 에너지를 주므로 생각할 시간도 미리 계획하라.

■ 발상 테마는 연구 개발 분야와 잘 맞는다. 당신은 공상가와 몽상가의 사고방식을 제대로 이해한다. 상상력이 풍부한 동료와 시간을 보내고 그들과 브레인스토밍을 해보자.

■ 분석 테마가 강한 사람과 파트너 관계를 맺자. 당신에게 질문을 하고 이의를 제기하여 당신의 아이디어를 강화해줄 것이다.

■ 때때로 다른 사람들은 당신의 추상적이고 개념적인 사고방식을 따라가기 힘들어 관심을 보내지 않을 수 있다. 아이디어를 그림으로 표현하거나 비유 또는 은유를 이용하거나 차근차근 설명하여 구체적으로 표현하라.

■ 지식을 모아 발상 테마를 충족시키자. 당신이 일하는 분야와 다

른 분야나 업종을 연구하는 것도 한 가지 방법이다. 외부의 아이디어를 적용하고 이질적인 아이디어를 연결시켜 새로운 아이디어를 만들어보자.

발상 테마가 강한 사람과 일하기

■ 발상 테마가 강한 사람은 언어의 힘을 즐긴다. 어떤 개념이나 아이디어 또는 패턴을 완벽하게 표현하는 단어 조합이 생각나면 알려주자. 그들의 사고를 자극할 수 있다.

■ 발상 테마는 영업 전략이나 마케팅 캠페인, 고객 서비스 솔루션, 신제품을 설계하는 역할 등에 맞는 재능이다. 창작 능력을 활용하는 역할을 맡겨보자.

■ 발상 테마가 강한 사람은 언제나 새로운 아이디어가 필요하다. 그들은 새로운 아이디어를 바탕으로 발전한다. 아이디어는 그들을 춤추게 하며 업무 이행 속도를 높인다. 그리고 새로운 발상은 깊이 있는 통찰과 놀라운 발견을 이끌 것이다.

LEARNER
배움

배움 테마의 소유자는 배우는 것을 무척 좋아한다. 가장 좋아하는 관심 분야는 당신이 가진 다른 테마와 경험에 따라 다르다. 하지만 어떤 분야든 배우는 과정에서 재미를 느낀다. 당신은 배우는 내용이나 배움의 결과보다도 과정에 더 흥미를 느낀다. 무지에서 앎으로 꾸준하게 계획적으로 발전해가는 과정에서 활기를 얻는다. 어떤 사실을 처음 알게 될 때 느끼는 짜릿한 기쁨, 배운 것에 관해 이야기하거나 연습해보는 초심의 노력, 습득한 기술에 관해 점점 더 커지는 자신감 같은 것에 큰 매력을 느낀다.

이렇게 배우는 것에 흥미를 느끼기 때문에, 당신은 성인이 되어서도 요가나 피아노 강습 또는 대학원 수업 등을 통해 끊임없이 배우려고 한다. 배움의 기쁨을 아는 당신은 역동적인 업무 환경 속에서 탁월한 능력을 발휘한다. 시시각각 변화하는 비즈니스 환경에서는 새로운 분야에 대한 다량의 지식을 단기간에 습득한 후 프로젝트를 단기에 완수하고 곧바로 다음 프로젝트로 넘어갈 수 있는 능력이 필요하기 때문이다.

배움 테마를 가지고 있다는 것이 어떤 분야의 전문가가 되고 싶어한다거나, 자격증이나 학위를 통해 인정받기를 원한다는 뜻은 아니다. 배움 테마가 강한 사람은 학습의 결과보다는 배우는 과정 그 자체에 흥미를 느낀다.

······ 배움 테마가 강한 사람들 ······

애니(출판사 편집장)

저는 무엇인가를 배우지 않으면 불안해지는 편입니다. 작년 어느 날 저는 일을 즐겁게 하고 있었지만 뭔가 부족하다고 느꼈죠. 그래서 탭 댄스를 배우기 시작했어요. 이상한 말로 들리나요? 절대 공연할 수준까지 실력이 늘 수는 없으리란 걸 알지만, 탭하는 기술에 집중하다 보면 매주 점점 더 나아지죠. 이렇게 해서 초보반에서 중급반으로 올라가는 과정은 정말 신나죠.

마일스(운영 관리자)

제가 일곱 살이었을 때 선생님은 제 부모님에게 "마일스는 학교에서 가장 똑똑한 아이라고 할 수는 없지만 무엇인가를 배우는 모습은 마치 스펀지 같습니다. 새로운 것을 배우기 위해 노력하는 성향 덕분에 크게 성공할 것입니다"라고 말했습니다. 저는 지금 비즈니스 스페인어 과정을 수강하고 있어요. 비즈니스 스페인어 회화를 배워서 스페인어를 유창하게 말할 수 있다는 생각이 과욕이라는 것을 알고 있지만 최소한 스페인을 여행하면서 조금이라도 스페인어로 소통할 수 있었으면 합니다. 이 여행을 계기로 스페인을 더 잘 알게 될 기회를 가졌으면 하는 게 제 바람입니다.

팀(기업 경영 컨설턴트)

제 고객 중 한 명은 호기심이 많은데 그는 원하는 모든 것을 할 수 없다고 속상해합니다. 저는 다릅니다. 저도 호기심이 많기는 하지만 방대한 영역에 호기심을 느끼지는 않습니다. 어떤 것에 능숙해져서 업무에 이용할 수 있을 정도로 한 가지에 깊이 집중하는 것을 좋아하는 편입니다. 예를 들어 최근에 한 고객이 저와 함께 프랑스 니스 출장을 가기를 원했습니다. 그래서 저는 이 지역에 대한 책을 읽고 인터넷을 검색하기 시작했죠. 아주 즐겁게 공부했지만 출장이 아니었다면 결코 이렇게 하지 않았을 것입니다.

배움 테마 실행 아이디어

■ 최선의 학습 방법을 정리해보자. 예를 들어 당신이 직접 다른 사람들을 가르칠 때 가장 잘 배운다면 강의할 기회를 찾는 것이다. 조용히 사색을 할 때 가장 잘 배울 수 있다면 조용한 시간과 장소를 찾아보자.

■ 학습 진도를 추적하자. 배우려는 체계나 기술에 여러 수준이나 단계가 있는 경우 한 단계씩 올라설 때마다 성취해낸 것을 축하하자. 이런 단계가 없다면 직접 만들어도 좋다. 예를 들면 주제 하나에 대해 책 다섯 권 읽기나 프레젠테이션 세 개 만들기 등이다.

■ 변화를 주도하는 촉매제 같은 존재가 되자. 다른 사람들은 새로운 규칙과 기술 또는 새로운 환경에 겁을 먹을 수도 있다. 새로움을 기꺼이 흡수하는 당신의 태도는 다른 사람의 두려움을 잠재우고 적극적인 행동을 유도할 수 있다. 이러한 책임을 진지하게 받아들이자.

■ 기술적 역량이 필요한 역할을 찾아보자. 당신은 전문 지식을 얻고 유지하는 과정을 즐길 것이다.

- 가능하면 기술 또는 규정이 꾸준하게 변하는 분야의 직업을 갖는 다. 배움 테마의 소유자는 계속 배움에 도전할 때 활기를 얻는다.

- 당신은 익숙하지 않은 정보에도 위협을 느끼지 않는다. 새로운 상황에 도전하고 새로운 역량이나 언어를 빠르게 익히는 대가로 보수를 받는 컨설팅 같은 업무(내부 또는 외부적으로)에서 빛을 발할 것이다.

- 학습과 성과가 연관되어 있다는 사실은 연구결과로도 밝혀졌다. 사람은 학습하고 성장할 수 있는 기회가 주어질 때 생산성과 충성 도가 더 높아진다. 당신을 포함한 구성원의 학습 성취도를 측정하 는 방법, 개별적인 학습 방향을 설정하는 방법, 성취도에 따라 보 상을 주는 방법을 찾아보자.

- 직장에서는 학습을 지원하는 프로그램을 활용해보자. 조직은 당 신의 학습 활동이나 인증서 취득 과정에서 소요되는 비용의 일부 또는 전부를 지불할 수도 있다. 장학금과 기타 교육 기회에 대한 정보를 알아보자.

- 배움에 대한 열망을 긍정적으로 받아들이자. 지역사회에서 제공 하는 성인 교육 기회를 활용하자. 매년 새로운 학위 취득 과정이

나 성인 교육 과정을 한 개 이상 등록하자.

■ 배움 테마가 강한 사람은 연구나 학습에 몰입할 때 더욱 집중하여 시간이 가는 줄도 모른다. 긴급한 업무로 중단되지 않을 만한 적절한 시기에 주제를 정해 새로운 것을 배워보자.

배움 테마가 강한 사람과 일하기

■ 배움 테마가 강한 사람은 어떤 역할을 맡든지 새로운 사실과 기술 또는 지식을 얻고자 하는 열정을 불태운다. 그들이 새로운 학습 방법을 모색하고 배우고자 하는 의욕을 잃지 않게 도와주자.

■ 배움 테마가 강한 사람이 도달한 이정표 또는 수준을 확인하여 학습 진도를 스스로 추적할 수 있도록 도와주자. 그 성취를 인정하고 축하해주자.

■ 최고 권위자나 사내 전문가가 되도록 격려하자. 그러면 최고의 역량을 발휘하고 싶다는 배움 테마가 강한 사람의 욕망을 충족시킬 수 있을 것이다.

RESTORATIVE
복구

복구 테마의 소유자는 문제를 해결하는 것을 무척 좋아한다. 고장이 나거나 문제가 발생하면 또 이런 일이 생겼다고 힘 빠져 하는 사람들이 있는 데 반해, 당신은 이런 상황에서 오히려 활력을 얻는다. 증상을 분석하고, 원인을 알아내고, 해결안을 찾는 일에 큰 기쁨을 느낀다. 실용적인 문제나 추상적인 문제, 혹은 개인과 관련한 문제를 선호할 수도 있다. 전에 여러 번 다뤄본 적이 있어서 해결할 자신이 있는 특정 문제를 선호할 수도 있다. 아니면 복잡하고 생소한 문제를 마주칠 때 가장 큰 의욕을 느낄 수도 있다.

정확하게 어떤 문제를 선호하는지는 개인의 강점 조합과 경험에 따라 다르겠지만 확실한 것은 당신이 문제를 고쳐서 당면한 상황을 해결하는 것을 즐긴다는 것이다. 만약 당신이 개입하지 않으면 실패할 것이라는 점을 당신은 직관적으로 안다. 이것이 기계든, 기술이든, 사람이든, 회사에 관한 일이든 말이다.

당신은 문제를 해결하고 상황을 살려냈으며 활력을 다시 불어넣은 것이다. 이를 어떤 식으로 표현하든 당신이 이 상황을 위험에서 구해낸 것이다.

⋯⋯ 복구 테마가 강한 사람들 ⋯⋯

나이젤(소프트웨어 설계자)

　　　　망치와 못 그리고 나무로 의자를 만들던 어린 시절이 생생하게 기억납니다. 저는 무엇인가를 고치고 조립하고 모든 것을 반듯하게 만들기를 좋아했어요. 컴퓨터 프로그래밍을 하는 지금도 마찬가지입니다. 프로그램을 짰는데 제대로 작동하지 않으면 다시 뒤로 돌아가 제대로 작동할 때까지 고치고 또 고칩니다.

잔(내과 전문의)

　　　　복구 테마는 제 인생에서 수많은 방식으로 발현합니다. 제가 가장 처음 사랑한 것은 수술이었습니다. 저는 외상을 사랑하며 수술실에 있는 것을 좋아하고 상처를 꿰매는 데서 즐거움을 느낍니다. 수술실에서 어떤 문제를 고치는 일을 정말 좋아합니다. 또 가장 좋아한 다른 순간은 임종을 앞둔 환자 옆에 앉아 함께 대화를 나누던 때입니다. 누군가가 분노를 슬픔에 대한 수용으로 전환시키며 소원했던 가족들과 다시 가까워지고 존엄성을 가지고 임종하는 것을 지켜보는 일은 정말 보람이 있었습니다. 자녀를 대할 때에도 매일 이 테마가 발현됩니다. 세 살배기 딸아이가 처음으로 스웨터 단추를 채우다가 단추가 비뚤게 채워진 모습을 보면 달려가 단추를 다시 채워주고 싶은 강한 욕구를 느낍니다. 물론 자제해야 하죠. 아이가 스스로 배워야 하니까요. 하지만 정말 참기가 힘듭니다.

마리(방송국 PD)

아침 TV 프로그램을 제작하는 것은 기본적으로 까다로운 과정입니다. 제가 문제 해결을 좋아하지 않았다면 아마 미쳤을 것입니다. 매일 심각한 문제가 발생하고 그 문제를 찾아내 해결하고 다음 단계로 넘어가곤 합니다. 문제가 잘 해결되면 저는 활기를 되찾습니다. 문제를 해결하지 못한 채 집에 돌아가면 반대의 상태가 되죠. 패배감을 느낍니다.

복구 테마 실행 아이디어

■ 문제 해결의 대가로 보수를 받거나 복구 능력 혹은 해결 능력을 발휘해 성공할 수 있는 역할을 찾아보자. 의약, 컨설팅, 컴퓨터 프로그래밍, 고객 서비스 분야의 직무는 당신에게 기쁨을 줄 것이다.

■ 문제 해결을 즐긴다는 사실을 다른 사람들에게 알리는 것을 두려워할 필요가 없다. 사람들은 대개 문제를 피하지만 당신은 문제 해결을 태생적으로 좋아한다. 당신은 다른 사람들을 도와줄 수 있다.

■ 자신에게 관대해지자. 복구 테마가 강하면 지나치게 자기 비판적일 수 있다. 이 테마를 지식이나 기술 부족과 같은 개선 가능한 자신의 문제나 외부의 실질적 문제를 해결하는 데 집중시키자.

■ 다른 사람들의 문제는 스스로 해결하도록 두자. 당장 달려가 문제를 해결해주고 싶겠지만 이는 그들이 배울 수 있는 기회를 빼앗는 것이다. 당신이 관리자, 코치, 교사 또는 아이를 키우고 있다면 특히 이 점을 주의해야 한다.

■ 상황을 호전시키는 것은 당신의 타고난 강점을 자극한다. 복구 테마를 발휘해 문제가 발생한 프로젝트, 조직, 비즈니스 또는 팀에 활기를 불어넣자.

■ 복구 테마를 이미 발생한 문제를 해결하는 데 사용하는 것에 그치지 말고, 문제가 발생하기 전에 이를 예상하고 방지하는 데 활용하자. 당신의 예지력과 해결책을 다른 사람들과 공유하면 당신의 높은 가치를 입증할 수 있다.

■ 선택한 주제를 집중 연구하여 특정 문제의 재발 원인이 무엇인지 파악하는 데 능숙해지자. 전문 지식을 쌓으면 훨씬 빠르게 해결책을 찾을 수 있다.

■ 당신의 기술과 지식을 개선할 수 있는 방법을 생각해보자. 어느 부분이 부족한지 파악하고 이를 보완하려면 어떻게 해야 하는지 알아내자.

■ 꾸준한 개선 노력이야말로 당신이 지닌 특징 중 하나다. 탁월한 기술이나 지식이 요구되는 까다로운 분야에서의 활동 또는 노력을 통해 능력을 향상시킬 기회를 모색해보자.

■ 복구 테마를 활용하여 업무에 관한 '문제 실증' 방법을 생각하라. 기존의 문제와 잠재적 문제를 식별하고 향후 오류를 예방하기 위한 체계와 과정을 고안하라.

복구 테마가 강한 사람과 일하기

■ 조직 내의 문제를 파악하고 싶다면 복구 테마가 강한 사람에게 의견을 구하면 좋다. 이들은 특히 관찰력이 예리하다.

■ 조직을 즉시 개선해야 할 때 복구 테마를 활용하면 좋다. 복구 테마가 강한 사람들은 당황하지 않는다. 오히려 침착하고 전문적인 태도로 응답할 것이다.

■ 복구 테마가 강한 사람이 어려운 문제에 부딪혔을 때 도와주겠다고 제안해보자. 이들은 문제 해결 능력으로 자신을 평가하기 때문에 문제를 해결하지 못하면 패배감을 느낀다. 패배감을 극복할 수 있도록 도와주자.

ANALYTICAL
분석

분석 테마는 다른 사람들에게 도전적으로 보일 수 있다. "증명해 보세요. 당신이 주장하는 내용이 어떤 이유로 맞다고 생각하나요?" 이런 질문을 받으면 사람들은 대단하다고 생각했던 자신의 이론이 빈약하다는 것을 알게 된다. 사실 이것은 당신이 노리는 바이기도 하다. 당신은 그들의 주장이 타당한 근거에 입각해야 한다고 고집한다.

당신은 스스로를 감정에 좌우되지 않는 객관적인 사람으로 여긴다. 그리고 가치중립적인 데이터를 좋아한다. 데이터는 그 자체로는 아무런 목적이 없다. 당신은 이러한 데이터에 근거해서 일정한 패턴과 연결고리를 찾으려고 한다. 특정 패턴이 서로 어떤 영향을 미치는지 알고 싶어하며 이것들이 어떻게 결합되어, 어떤 결과로 귀착되는지, 결과는 제시된 이론이나 당면한 상황에 맞는지 등을 질문한다.

당신은 근본 원인이 드러날 때까지 껍질을 한 겹씩 벗겨낸다. 혹자는 당신을 논리적이고 철저한 사람으로 본다. 그래서 사람들은 누군가의 '희망사항'이나 '어설픈 논리'를 당신의 세밀한 분석력에 기대어 진단을 받아보려 한다. 이때 너무 가차없이 분석하지는 말자. 사람들은 종종 자신의 '희망사항'을 다른 사람의 것이라며 당신에게 가져오기 때문이다. 이런 경우 분석 내용이 너무 가혹하면 그들은 당신을 피할 것이다.

····· 분석 테마가 강한 사람들 ·····

조스 (학교 시스템 관리자)

저는 아직 존재하지 않는 구조, 형식, 경향을 보는 능력을 타고났습니다. 예를 들면 보조금 신청서를 작성한다는 이야기를 들으면 그 순간 머릿속에서 가능한 보조금 유형과 현재 진행 중인 논의 내용이 보조금을 받기에 적격한지 여부부터 정보를 명확하고 설득력 있게 작성할 수 있는 보조금 신청 양식에 이르기까지 다양한 것들이 본능적으로 떠오릅니다.

잭(인사 담당 임원)

저는 불만을 제기할 때 사실과 논리적 사고로 뒷받침할 수 있는지 따져봐야 직성이 풀립니다. 우리 회사의 급여 수준이 다른 회사보다 낮다고 말하는 사람에게 저는 언제나 그렇게 말하는 근거를 묻곤 합니다. 만일 기계공학과 졸업자에게 우리보다 5,000달러를 더 지급하는 회사의 신문 광고를 봤다고 하면 저는 다음과 같이 묻습니다. "그들이 근무하는 곳은 어디인가요?" "지역에 따른 연봉 차이는 아닌가요?" "어떤 유형의 회사인가요?" "우리 회사와 같은 제조 회사인가요?" "직원 몇 명을 이야기하는 것인가요?" "세 명이라면 그중 한 명이 유리한 조건으로 계약하여 전체 평균이 올라간 것은 아닌가요?"

레슬리(학교장)

동일한 학생 그룹의 성적이 연도별로 달라지는 경우가 빈번하게 발생합니다. "동일한 학생들로 이루어진 그룹인데도 해마다 성적이 달라지는 이유는 무엇일까?" 저는 상황을 제대로 파악하기 위해 여러 질문을 던집니다. "이 학생들의 교실은 어디에 있습니까?" "한 학년에 등록된 학생은 모두 몇 명입니까?" "이 학생들을 담당한 교사는 누구이며 어떤 방식으로 수업을 했나요?"

분석 테마 실행 아이디어

■ 데이터를 분석하고, 패턴을 발견하고, 아이디어를 체계화할 수 있
  는 일을 선택하자. 당신은 마케팅, 재정 또는 의학적 연구나 데이
  터베이스 관리, 편집 또는 위험 관리에 소질이 있을 수 있다.

■ 맡은 역할이 무엇이든 신뢰할 만한 정보 출처를 찾자. 당신의 논
  리를 지원할 잘 정리된 정보와 수치가 있을 때 당신은 최고의 역
  량을 발휘한다. 예를 들어 가장 유용한 서적, 웹 사이트 또는 참조
  자료로 활용할 수 있는 출판물을 파악하라.

■ 당신은 머릿속으로 끊임없이 일에 몰두하며 통찰력 있는 분석을
  한다. 주위 사람들에게 이런 사실을 알리자. 글쓰기, 일대일 대화,
  그룹 토론, 강연 또는 프레젠테이션 등 당신의 생각을 표현하는
  가장 좋은 방법을 찾아보자. 커뮤니케이션을 통해 당신의 생각에
  가치를 부여하라.

■ 누적해온 정보와 분석을 적용하여 눈에 보이는 것으로 만들어내
  자. 이런 일이 자연스럽지 않으면 이론을 실천으로, 생각을 행동
  으로 옮기도록 도와줄 파트너를 찾아보자. 파트너는 당신의 분석

을 유용하게 만들어줄 것이다.

■ 분석 테마를 확장해줄 교육 과정을 수강하라. 당신이 존경하는 논리를 가진 사람들을 연구하면 좋다.

■ 자발적으로 분석 테마를 발휘하라. 많은 양의 데이터를 정리하거나 아이디어에 체계를 입히려는 사람들에게 당신은 유용한 존재다.

■ 행동 테마가 강한 사람과 파트너 관계를 맺자. 행동 테마의 조급함이 당신을 분석 단계에서 행동 단계로 좀 더 빠르게 전환하도록 해줄 것이다.

■ 분석 테마는 확실한 증거를 볼 때까지 회의적인 태도를 보이곤 한다. 분석 테마는 타당성을 원하기 때문이다. 그러나 상대방은 당신의 이 회의적인 태도가 개인에 대한 공격이라고 생각할 수 있다. 다른 사람들에게 당신의 회의적인 생각은 사람이 아니라 데이터에 대한 것임을 알려주자.

■ 데이터의 패턴을 살피자. 주제, 전례 또는 관계를 점수나 숫자로 파악할 수 있는지 확인하자. 데이터의 점들을 연결하고 인과 관계

를 추론함으로써 당신은 다른 사람들이 이러한 패턴을 알아차릴 수 있도록 도울 수 있다.

■ 분석적 접근 방식에는 다른 사람들이 제안하는 새로운 아이디어를 논리적으로 뒷받침해주는 데이터와 기타 정보를 요할 때가 많다는 점을 이해시키자.

분석 테마가 강한 사람과 일하기

■ 중요한 의사 결정 과정에 참여시킬 때는 문제를 철저히 검토할 시간을 주자. 분석 테마는 관련된 모든 요소를 파악해야 하기 때문이다.

■ 결정 또는 원칙의 타당성을 설명할 때는 그 근거가 되는 수치를 제시하자. 분석 테마가 강한 사람은 본능적으로 수치를 보여주는 정보를 더 신뢰한다.

■ 분석 테마에게는 정확성이 매우 중요하므로, 기한 엄수보다는 올

바른 업무 처리를 우선시할 것이다. 따라서 기한이 다가오는 경우에는 업무를 처리할 시간이 충분한지 지속적으로 확인하라. 그들은 더 정확한 업무 해결책을 내놓을 것이다.

WOO
사교성

    사교성 테마는 다른 사람을 자기 사람으로 만드는 것을 말한다. 사교성 테마의 소유자는 새로운 사람을 만나고 그들이 당신을 좋아하게끔 만드는 것을 무척 좋아한다.

    당신은 낯선 사람들을 좀처럼 두려워하지 않는다. 오히려 새로운 사람을 만날 때 활기를 얻는다. 당신은 낯선 사람에게 이끌리며, 이들의 이름을 익히고, 질문을 던지고, 공감대를 찾아 대화를 시작하여 친밀한 관계를 맺고 싶어한다. 대화 소재가 떨어질까 봐 대화를 시작조차 안 하는 사람들도 있지만 당신은 그렇지 않다. 할 말이 없는 경우도 거의 없으며, 어색함을 깨고 친해지는 데서 만족감을 얻기 때문에 낯선 사람들과 대화하는 것 자체를 즐거워한다. 그리고 일단 친분이 맺어지면 대화를 마무리하고 또 다른 사람에게로 옮겨가는 것도 좋아한다.

당신은 새로운 만남의 공간에서, 새로운 사람들을 만나고 새로운 그룹과 어울린다. 당신의 세계에 남이란 없다. 아직 만나지 않은 친구들이 있을 뿐이다. 아주 많은 친구들 말이다.

⋯⋯ 사교성 테마가 강한 사람들 ⋯⋯

데보라(출판사 편집자)

저는 오다가다 만난 사람들과도 친해지곤 합니다. 제가 생각해도 때로는 무시무시할 정도지요. 그럴 때마다 저는 사교성을 타고났다는 점을 인정할 수밖에 없습니다. 믿을 수 없겠지만 택시에 타면 거의 모든 운전사들이 제게 구애를 한답니다. 정말이라니까요.

마릴린(대학 총장)

제가 친구를 일부러 찾는 것은 아니지만 사람들은 저를 친구라고 부릅니다. 저는 사람들을 불러 세워 "사랑합니다"라고 말하는데, 농담으로 하는 건 아닙니다. 제가 사람들을 쉽게 사랑하기 때문이죠. 하지만 친구라면 글쎄요? 제게는 친구가 많지 않습니다. 친구를 일부러 찾지도 않는 것 같습니다. 다만 사람들과 연결되기를 원할 뿐입니다. 사람들과의 공통점을 찾는 방법을 알기 때문에 이런 일이 제게는 아주 쉽습니다.

애나(간호사)

저는 부끄럼을 타는 편이라 대개 먼저 나서는 일이 없죠. 하지만 사람들을 편하게 하는 방법을 알고 있어요. 저는 우스갯소리를 자주 하는 편입니다. 병원에 반응이 별로 없는 환자가 있을 땐 혼자 공연하는 코미디언이 되곤 하죠. 80세 환자에게 다가가 "정말 미남이시네요. 일어나 보세요. 팔에 주사를 놓으려고요. 좋아요. 소매를 좀 걷어 주시겠어요? 와, 팔 근육만 보면 아직도 20대시군요!"라고 칭찬하기도 하고, 아이들에게는 아주 천천히 다가가서 "너 몇 살이니?"라고 묻죠. "열 살이에요"라고 답하면 "정말이니? 열한 살처럼 보이는데?"라고 말해주죠. 이런 유치해 보이는 대화로 딱딱한 분위기가 깨지고 저는 사람들과 대화를 이어나갈 수 있게 됩니다.

사교성 테마 실행 아이디어

■ 다양한 사람들을 만나 일하는 직업을 찾아보자.

■ 당신이 알고 있는, 당신을 알고 있는 사람들을 친선이든, 업무든 네트워크로 연결해보자. 각각의 지인과 최소 한 달에 한 번씩은 연락하며 인맥을 관리하자.

■ 지역 조직에 참여하고 위원회에 자발적으로 참가하여 지역사회 에서 영향력이 큰 사람들과 만날 방법을 찾아보자.

■ 최대한 많은 사람들의 이름을 외우자. 아는 사람들의 이름을 정 리해서 파일을 만들고 새로 알게 된 사람들의 이름을 추가하자. 이렇게 정리해둔 연락처에 사람들의 생일, 좋아하는 색, 취미, 가 장 좋아하는 스포츠 팀 같은 개인 정보를 조금씩 포함시키자.

■ 사교 모임에서 내성적인 사람들을 편안하게 만들어주는 역할을 맡아보자.

■ 사람들에게 자연스럽게 다가가 인적 네트워크를 형성하는 것이

당신의 스타일이라는 점을 적절한 표현으로 설명하라. 미리 말해주지 않으면 사람들은 당신을 가식적이라고 오해하고 왜 그렇게 친근하게 구는지 궁금해할 것이다.

■ 절친 또는 공감 테마가 지배적인 사람과 파트너 관계를 맺자. 이들은 당신이 시작하는 관계를 더욱 튼튼하게 다져줄 것이다.

■ 사교성 테마를 소유한 당신은 주변 사람들에게 활력을 불어넣는다. 당신이 주변 사람들에게 어떤 힘을 주는지, 어떻게 아이디어를 교환하는 기회를 촉발시키는지 인지하자. 사람들을 사로잡는 대화를 시작하고 재능 있는 인재를 한데 모으는 것만으로도 당신은 업무 성과를 한 단계 또는 여러 단계 끌어올릴 것이다.

■ 사교 모임의 첫 순간은 사람들이 그 모임을 얼마나 편안하게 여길지, 그 모임을 어떻게 기억할지를 좌우한다. 가능하면 외부인이 만나는 첫 번째 사람이 되자. 새로운 사람들을 반기는 당신의 능력은 상대방을 편안하게 만든다.

■ 당신만의 매력을 발휘해 사람들을 사귀는 방법을 연습하라. 예를 들어 공통의 관심사에 대해 말할 수 있도록 모임 전에 만날 사람들을 알아보자.

사교성 테마가 강한 사람과 일하기

■ 사교성 테마가 강한 사람에게 매일 새로운 사람을 만날 수 있게
  하자. 이들은 처음 만나는 사람에게도 편안한 느낌을 주고, 조직
  에 잘 적응하도록 도와줄 수 있다.

■ 인맥을 확장해야 할 경우에 사교성 테마가 강한 사람에게 도움을
  청하자. 당신의 인맥을 넓히고 목적을 달성할 수 있게 도와줄 것
  이다.

■ 사교성 테마는 인맥을 넓게 형성한다. 만약 그들이 당신에게 인
  사만 하고 자리를 뜨더라도 기분 나쁘게 생각하지 말자.

ACHIEVER
성취

성취 테마는 추진력으로도 설명할 수 있다. 무엇인가를 성취하려면 추진력이 뒷받침되어야 하기 때문이다. 성취 테마의 소유자는 하루가 늘 새로운 원점에서 다시 시작된다고 느낀다. 하루가 끝나기 전에 무엇인가 실질적인 것을 성취해내야만 만족감을 느낀다. 여기서 '하루'란 주중은 물론, 주말과 휴가까지도 포함하는 그야말로 매일매일이다. 당신은 아무리 자신이 하루쯤 쉴 자격이 있다는 생각이 들더라도 아무것도 성취하지 못한 채 하루가 지나버리면 불만족스럽게 느낀다.

당신의 내면에는 꺼지지 않고 타오르는 불꽃이 있다. 이 불꽃은 당신이 더 많은 일을 하고 더 많은 것을 성취하도록 자극한다. 목표가 하나씩 성취될 때마다 이 불꽃은 잠시 수그러든다. 하지만 금방 다시 타올라, 다음 그리고 그다음의 목표를 향해 달려가도록 당신을 밀어붙인다.

성취를 향한 끝없는 욕망은 논리적으로 설명하기 힘들고, 뚜렷한 방향성이 없을 수도 있다. 하지만 분명한 점은 이런 욕망이 언제나 당신과 함께한다는 것이다. 그러기에 성취 테마를 가진 당신은 끊임 없이 속삭여대는 불만족의 느낌과 함께 살아가는 방법을 터득해야 한다. 물론 이 성향에도 좋은 점들이 있다. 이 테마는 지치지 않고 장시간 일할 수 있는 힘을 주고, 새로운 일을 시작하고 새로운 도전에 임할 수 있는 추진력을 준다. 그리고 팀의 업무 속도와 생산성 수준을 올리는 원동력이 되기도 한다. 결국 성취 테마는 당신을 계속 전진하게 해준다.

······ 성취 테마가 강한 사람들 ······

멜러니(응급실 간호사)

전 성공한 기분을 느끼려면 매일 일정 수준 이상의 점수를 쌓아야 해요. 오늘은 출근한 지 30분밖에 되지 않았는데 벌써 30점이나 올렸어요. 출근하자마자 응급실에 필요한 장비를 주문하고, 고장난 장비는 수리를 맡겼어요. 곧바로 수간호사와의 회의에 참석하고, 전산화된 일지 개선 방안에 대해 브레인스토밍까지 끝냈습니다. 목록에 적어놓은 90가지 할 일 중 이미 30개는 끝낸 셈이죠. 현재 제가 한 일에 대해 무척 만족하고 있습니다.

테드(영업 사원)

저는 작년에 회사에 소속된 300여 명의 영업 사원 중 판매왕으로 선정되었습니다. 선정된 당시에는 매우 기뻤지만 그 주가 지나자 언제 그런 일이 있었나 싶게 아무런 기분도 들지 않았습니다. 다시 원점으로 돌아간 것이죠. 가끔은 제 안의 성취 테마가 없어졌으면 좋겠어요. 제 성취 테마 때문에 인생의 균형이 무너지고 강박 관념에 사로잡힌다는 생각이 들기 때문이지요. 이전에는 제 자신을 바꿀 수 있다고 생각하곤 했지만 이제는 지금 모습이 제 본연의 모습이라는 사실을 받아들이고 있습니다. 이 테마는 양날의 검으로 비유할 수 있어요. 목표를 달성하는 데 도움이 되지만 제 의지대로 성취욕을 조절할 수 있으면 좋겠다는 생각도 듭니다. 하지만 불가능한 이야기지요. 대신 업무뿐 아니라 인생의 모든 부분에 초점을 맞춰 성취 강도를 조절하고 업무에만 집착하지 않으려고 노력하고 있습니다.

세라(작가)

　　　　　성취 테마는 참으로 희한합니다. 끝없이 도전한다는 점에서는 저를 만족시키지만 막상 목표를 달성하고 나면 만족감을 느끼지 못하니까요. 평생 바쁘게 힘든 일에 매진하도록 만드는 타고난 성향이라고 정의할 수 있습니다. 항상 해야 할 일이 더 있기 때문에 결코 쉬지 않습니다. 하지만 장단점을 모두 따져봤을 때 저는 이 성향이 없는 쪽보다는 있는 쪽을 택하겠습니다. 저는 제 성향을 '신성한 분주함'이라고 표현합니다. 제가 현재 가지고 있는 모든 것이 성취 테마 덕분이라는 생각이 들자 이를 긍정적으로 받아들이게 되었습니다. 이 테마를 수용하며 살 수 있습니다.

성취 테마 실행 아이디어

- 업무에 대한 재량권이 크고 스스로 생산성을 측정할 수 있는 일을 선택하자. 성취 테마가 강한 사람은 자발적으로 일할 수 있는 환경에서 도전 의식을 갖게 되고 활기를 느낄 것이다.

- 성취 테마를 가진 당신은 바쁘게 일할 때의 느낌을 즐기지만 '완

료'할 때도 알아야 한다. 목표에 일정과 측정법을 추가하면 일도 계획대로 진행되고 구체적인 결과를 얻을 수 있다.

■ 당신의 삶을 축하하고 인정하자. 성취 테마가 강한 사람들은 자신의 성공을 인정하지 않은 채 새로운 도전을 시작하는 경향이 있다. 당신의 일 진행 과정과 목표 달성을 즐길 기회를 자주 만들어 이러한 충동을 조절하자.

■ 추진력을 갖춘 당신은 회의가 다소 따분하게 느껴질 수 있다. 이런 경우, 사전에 회의의 목표를 알아보고 회의 중에 목표의 진척 상황을 메모하면서 당신의 성취 테마를 발동해보자. 생산적이고 효율적인 회의가 될 것이다.

■ 학회나 다른 프로그램에 참석하는 것 말고도 자신 있는 분야나 전문 분야의 인증서를 취득하여 지속적으로 학습하자. 그러면 당신이 성취할 목표는 훨씬 많아지고 성취 영역은 넓어질 것이다.

■ 성취 테마가 강한 사람은 다른 사람에게 동기 부여를 받을 필요가 없다. 도전 의식을 북돋우는 목표를 설정함으로써 스스로 동기를 부여하는 자신의 성향을 이용하자. 프로젝트가 끝날 때마다 더 많이 노력해야 이룰 수 있는 목표를 세우자.

■ 열심히 일하는 사람들과 파트너 관계를 맺자. 그들과 목표를 공유하면 더 많은 성과를 올릴 수 있다.

■ 당신의 평가 '시스템'에 개인적인 생활에서 성취한 일도 포함시키자. 그러면 업무만이 아니라 가족과 친구에게도 성취 테마를 활용할 수 있다.

■ 당신은 일이 많을수록 즐거운 사람이다. 앞으로 있을 일에 대한 전망이 이미 완수한 일보다 훨씬 큰 동기를 부여한다. 계획을 실행에 옮기고 새로운 프로젝트를 추진하자. 당신 안의 무한한 에너지는 열정과 추진력의 원천이 될 것이다.

■ 직장에서 더 많은 일을 하되 품질을 간과해서는 안 된다. 결과를 측정할 수 있는 기준을 만들어 생산성이 높아진 만큼 품질도 개선되어야 한다는 사실을 잊지 말자.

성취 테마가 강한 사람과 일하기

■ 성취 테마가 강한 사람과 친해지기 위해서는 함께 일하는 것이 좋다. 함께 열심히 일하는 과정은 결속력을 다지는 계기가 된다. 성취 테마가 강한 사람은 태만한 사람을 싫어한다.

■ 성취 테마가 강한 사람은 바쁜 상황을 즐긴다. 회의에 참석하여 가만히 앉아 있는 것은 이 사람들에게 고역이다. 정말로 필요한 회의에만 참석시키면 누구보다도 적극적으로 참여할 것이다. 이 사람들이 회의에 참석할 필요가 없다면, 회의 대신 업무에 집중할 수 있도록 도와주자.

■ 성취 테마가 강한 사람은 다른 사람보다 늦게 자고 일찍 일어나곤 한다. 이런 조건이 필요한 업무가 있다면 이들에게 맡기자. 또한 "이 일을 마치려고 얼마나 늦게까지 일을 했나요?" 또는 "오늘 아침 몇 시에 출근했나요?" 같은 질문을 해보자. 그들은 이런 관심을 감사하게 생각할 것이다.

INPUT
수집

수집 테마의 소유자는 탐구심이 많고 수집하는 것을 좋아한다. 책이나 어떠한 사실, 단어, 인용문 등의 정보를 수집하거나 나비나 야구 카드, 도자기 인형이나 흑백 사진과 같은 물건을 수집할 수도 있다. 무엇을 수집하든, 그것에 흥미를 느끼기 때문이다.

당신은 아주 많은 것에 흥미를 느낀다. 당신에게 세상은 그 무한한 다양성과 복잡함 때문에 흥미롭다. 당신이 책을 굉장히 많이 읽는다면, 그것은 자신만의 이론을 다듬기 위해서가 아니라 더 많은 정보를 수집하고 보관하기 위해서다. 만약 여행을 좋아한다면 새로운 장소마다 신기한 물건과 새로운 정보가 있기 때문이다. 당신은 이런 것들을 입수해서 보관한다.

그렇다면 이런 것들이 보관할 만한 가치가 있는 것일까? 보관 당시에는 정확히 언제, 어떤 이유로 필요하게 될지 말하기 어렵지만 언젠가 쓰게 될지 누가 알겠는가? 어쨌든 당신은 이런 모든 가능성을 생각하면서 어떤 것도 버리지 않는다. 그래서 물건이나 정보를 계속 수집해서 정리한다. 이렇게 하면 너무나 재미있고 기운이 난다. 어쩌면 어느 날, 당신이 수집한 것 중에 가치가 높은 것이 나올 수도 있다.

⋯⋯ 수집 테마가 강한 사람들 ⋯⋯

엘런(작가)

저는 어린 시절에도 항상 모든 걸 알고 싶어했어요. 질문에 대한 답을 찾는 걸 게임처럼 즐겼지요. '오늘은 어떤 질문에 답해볼까?'라며 아주 별난 질문을 떠올린 후 해답을 던져줄 책을 찾으러 가곤 했어요. 종종 머릿속이 복잡해지면서 아무리 책을 읽어도 실마리가 잡히지 않았지만 그래도 계속 읽었죠. 결국 책 속 어딘가에는 답이 있기 마련이라고 믿었으니까요. 지금 돌이켜 생각해보면 제 질문들은 하나의 정보를 다른 정보로 이어주는 도구가 되었습니다.

존(인사 담당 임원)

저는 인터넷이야말로 기가 막히게 훌륭한 발명이라고 생각합니다. 인터넷이 없었던 때에는 좌절감을 느끼곤 했었어요. 하지만 저는 이제 특정 종목의 주가가 어떤지, 특정 게임의 규칙이 무엇인지, 스페인의 GNP는 얼마인지 등 궁금한 것이 생기면 컴퓨터를 켜서 인터넷으로도 찾아봅니다. 그리고 궁금한 것을 바로 알아내죠. 세상이 정말로 좋아졌어요. 앞으로의 인생은 흥미진진할 것 같습니다.

케빈(영업 사원)

저는 제 머릿속에 떠오르는 잡다한 생각들에 깜짝 놀라고는 합니다. TV를 즐겨보지는 않지만 〈제퍼디(Jeopardy)〉나 〈트리비얼 퍼슈트(Trivial Pursuit)〉 같은 퀴즈 프로그램을 좋아하는 편이에요. 낡은 물건이나 제게 필요없는 물건을 버리는 것을 아까워하지 않지만 이미 축적된 지식을 버리는 일이나 재미있는 책을 끝까지 읽지 못하게 되면 매우 아쉽습니다.

수집 테마 실행 아이디어

■ 교육, 연구 또는 언론같이 매일 새로운 정보를 다루는 일을 직업으로 선택하자.

■ 정보를 저장하고 쉽게 찾을 수 있는 체계를 마련하라. 오려낸 기사를 서류철에 모아두는 간단한 방법부터 컴퓨터 프로그램을 이용해 저장하는 방법도 있다.

■ 집중 또는 체계 테마가 강한 사람과 파트너 관계를 맺자. 이 사람은 당신이 호기심으로 인해 아주 흥미롭지만 산만한 길을 헤맬 때 궤도를 벗어나지 않게 도와준다.

■ 수집 테마 소유자는 개방적이고 흡수력이 있다. 당신은 스펀지가 물을 빨아들이듯이 자연스럽게 모든 정보를 흡수한다. 하지만 스펀지의 주된 목적이 흡수한 것을 영원히 담고 있는 게 아닌 것처럼 당신도 정보를 보관하기만 해서는 안 된다. 정보를 받아들이기만 하고 내보내지 않는다면 침체로 이어질 수 있다. 정보를 수집하고 받아들일 때는 그 지식이 가장 유용하게 쓰일 개인과 그룹을 파악하여 의도적으로라도 그들과 정보를 공유하자.

- 수집 테마가 강한 사람은 데이터, 아이디어를 보관할 수 있는 특별한 저장소를 가지고 있다. 자신을 전문가로 보이는 것에 주저하지 말자. 수집 테마가 이끄는 대로 따르기만 해도 한 분야의 권위자로 이름을 알릴 수 있다.

- 단지 정보를 수집하기만 해서는 안 된다. 어떤 순간에는 이 지식을 활용하고 행동으로 옮겨야 한다. 사실과 데이터가 누구에게 유용할지 생각해보자. 그리고 정보를 그들을 위해 활용하자.

- 자신의 전문 분야를 파악하고, 그 분야에 대해 더 많은 정보를 적극적으로 찾아보자.

- 자신을 고무시키는 책과 기사를 읽을 시간을 미리 계획하라.

- 어휘를 의도적으로 늘리자. 새로운 단어를 수집하고 각 단어의 의미를 파악하라.

- 수집한 정보를 다른 사람들과 공유할 수 있는 상황을 찾아보자. 또한 당신이 친구와 동료들의 질문에 대답하기를 즐거워한다는 사실을 알리자.

수집 테마가 강한 사람과 일하기

- 수집 테마가 강한 사람은 무엇이든지 잘 알아야 한다. 새로운 소식을 계속 알리자. 이들이 읽고 싶어할 것 같은 책이나 기사, 논문을 제공하자.

- 그들과 공통의 관심사를 찾아보고, 그 주제에 대한 정보와 이야기를 공유하자. 그들과 돈독한 관계를 구축할 수 있을 것이다.

- 회의를 할 때는 정보에 관한 질문을 꼭 해보자. 이들의 풍부한 지식을 활용할 기회를 찾아보자.

COMPETITION
승부

승부 테마는 비교에 근원을 두고 있다. 승부 테마가 강한 사람들은 세상을 볼 때 본능적으로 다른 사람들의 성과를 의식한다. 다른 사람들의 성과가 궁극적인 기준이 된다. 열심히 노력했고, 훌륭한 의도를 갖고 있었고, 목표를 달성했더라도, 동료들을 능가하지 못하면 공허하게 느낀다.

모든 승부사와 마찬가지로 당신에게는 다른 사람들, 즉 비교 대상이 필요하다. 비교가 가능하면 경쟁할 수 있고, 경쟁할 수 있으면 이길 수 있기 때문이다. 그리고 이길 때의 기분이란 그 어느 것보다 좋다.

당신은 측정을 좋아한다. 비교할 수 있기 때문이다. 다른 경쟁자들 또한 좋아한다. 활기를 주기 때문이다. 그리고 경쟁을 좋아한다. 반드시 승자가 나오기 때문이다. 당연히 자신에게 유리한 경쟁을 더 좋아한다. 비록 동료 경쟁자들에게 예의 바르고, 패배 상황에서도 정중하지만 당신은 단지 재미만을 위해 경쟁하지는 않는다. 이기기 위해 경쟁한다. 그래서 승산이 없는 경쟁은 피한다.

······ 승부 테마가 강한 사람들 ······

마크(영업 총괄자)

저는 평생 동안 운동을 했는데, 단순히 재미로 하는 것은 아닙니다. 저는 이길 수 있는 운동을 주로 하고 이기지 못할 운동은 하지 않습니다. 만일 게임에서 지게 되면 겉으로 보기에는 아무렇지 않더라도 속으로는 부글부글 끓어오르거든요.

해리(총지배인)

저는 요트 실력이 뛰어나진 않지만 국제 요트 경기를 즐겨 시청합니다. 쟁쟁한 실력을 가진 내로라하는 선수들이 똑같은 배에 올라 경기를 벌이지만 우승자는 항상 가려지기 마련이죠. 그중에서 특별한 비결을 가진 팀이 상황을 유리하게 이끌어 승리를 차지하죠. 제가 찾고 있는 것이 바로 그 작은 차이, 우승의 비결입니다. 저는 지는 것은 참을 수 없답니다. 심지어 제가 직접 경기에 참여하지 않더라도 말이죠.

섬너 레드스톤 (비아콤, CBS 코퍼레이션 명예회장)

저는 이 자리에 오르기까지 모든 순간을 즐거운 마음으로 임했습니다. 비아콤은 제게 지킬 만한 가치가 충분한 기업이었고 저는 이를 위해 경쟁하는 것도 즐겼습니다. 다 알다시피 경쟁이 치열해질수록 스트레스도 커지기 마련입니다. 하지만 스트레스보다는 경쟁에서 승리했을 때 얻을 수 있는 만족감과 성취감에 집중하는 것이 더 중요합니다. 비아콤 같은 대기업을 관리하는 일은 정말 전쟁이나 마찬가지입니다. 하지만 저는 지난 세월 동안 이를 통해 정말 중요한 것은 돈이 아니라 승리에 대한 열정이라는 것을 배울 수 있었습니다. 소중한 경험이었죠.

승부 테마 실행 아이디어

■ 성취도를 측정할 수 있는 업무, 역할 및 근무 환경을 선택하라. 당신은 경쟁이 없다면 자신이 얼마나 좋은 성과를 낼 수 있는지 모를 수도 있다.

■ 매일매일의 자기 성취도를 파악할 수 있는 성과 점수 목록을 만들어보자. 주목해야 하는 점수는 무엇인가?

■ 기준으로 삼을 수 있을 만큼 성과가 뛰어난 사람을 찾아라. 이런 사람이 여러 명이면 현재 경쟁 대상으로 삼고 있는 사람들의 이름을 모두 적어보자. 성과를 측정하여 비교하지 않는다면 어떻게 승리했는지 알 수 있겠는가?

■ 일상적인 업무도 승부를 벌이는 게임으로 바꿔보자. 이런 방식으로 당신은 더 많은 성과를 올릴 수 있다.

■ 승리했을 때는 시간을 내서 승리한 이유를 찾아보자. 당신은 실패보다는 승리를 통해 훨씬 더 많이 배울 수 있다.

- 경쟁은 다른 사람을 짓밟고 올라서는 것과는 다르다는 것을 사람들에게 알려주자. 당신은 실력이 쟁쟁한 경쟁자와 겨뤄 이길 때 만족한다는 것을 설명하자.

- 성과의 모든 측면을 모니터링할 수 있는 '균형 잡힌 측정 기준'을 개발하라. 이전에 이룬 성과보다 나은 성과를 내려고 애쓰는 경우에도, 혹은 성과의 모든 측면에 적절한 관심을 갖는 데도 도움이 될 것이다.

- 당신의 전문성 수준보다 약간 높은 사람들과 당신을 비교해 개발 기회를 만들어보자. 당신이 가진 승부 테마는 그 사람을 뛰어넘기 위해 당신의 기술과 지식을 발전시키도록 밀어붙일 것이다. 당신을 개선시킬 수 있게 당신보다 한두 레벨 위의 역할 모델을 찾아보자.

- 시간을 내서 당신의 승리를 축하하자. 당신의 세계에서 승리는 마땅히 축하받아야 한다.

- 패배를 감당하는 데 도움이 될 마인드 컨트롤 전략을 준비해두자. 이 전략으로 무장하면 당신은 훨씬 빠르게 다음 도전 과제로 전진할 수 있다.

승부 테마가 강한 사람과 일하기

■ 승부 테마가 강한 사람에게는 승부욕을 자극하는 표현을 사용하면 좋다. 이들에게는 이기느냐 지느냐가 굉장히 중요한데, 이런 관점에서 이기는 것은 목표를 달성하는 것이고 지는 것은 목표를 달성하지 못하는 것이다.

■ 이길 수 있는 분야를 찾아주자. 승부 테마의 소유자는 패배가 반복되면 더 이상 노력을 기울이지 않을 수도 있다. 이들은 재미로 경쟁하는 것이 아니다. 이기기 위해 경쟁한다.

■ 승부 테마가 강한 사람은 경쟁에서 질 경우 패배감을 극복하기까지 오랜 시간이 걸릴 수 있다. 그때는 그냥 내버려두자. 그런 다음 이길 수 있는 기회를 빨리 찾아주는 것이 좋다.

BELIEF
신념

신념 테마의 소유자는 자신에게 중요한 가치를 흔들림 없이 굳건하게 유지할 것이다. 신념 테마를 가진 사람들은 차이는 있지만 대부분 가정적이고, 이타적이며, 영적이기까지 하다. 또한 자신뿐 아니라 다른 사람들의 책임과 도덕성도 중요하게 생각한다. 이러한 주요 가치는 당신의 행동에 여러모로 영향을 준다. 당신은 이러한 가치에서 인생의 의미와 만족을 얻는다.

당신에게 성공은 돈이나 명성 이상의 것을 의미하기 때문에 이 가치들이야말로 당신에게 방향을 제시해주고, 삶의 유혹과 혼란 속에서도 우선순위에 따라 일관성 있게 행동할 수 있도록 해준다. 이러한 일관성은 당신이 맺는 모든 인간관계의 토대가 된다. 친구들은 당신을 신뢰할 수 있는 사람으로 생각한다. 이들은 "나는 네가 무엇을 지지하는지 알아"라고 말한다. 신념 테마 덕분에 당신은 신뢰할 수 있는 사람이 된다. 신념 테마의 소유자는 자신의 가치관에 맞는 일을 하게 된다. 일은 반드시 의미가 있어야 한다. 신념 테마로 인해 당신에게 일이란 자신의 가치를 실현할 수 있을 때에만 비로소 의미가 생긴다.

······ 신념 테마가 강한 사람들 ······

마이클(영업 사원)

저는 근무 외 시간을 대부분 가족과 지역사회를 위해 봉사하는 데 씁니다. 저는 보이스카우트 이사회에 있었습니다. 보이스카우트로 활동할 당시에는 단장을 맡았고 익스플로러가 되어서는 보이스카우트 주니어 어시스턴트 리더를 맡았습니다. 저는 아이들과 함께 있는 것이 마냥 좋습니다. 우리의 미래는 아이들에게 있다고 믿습니다. 불건전한 일로 시간을 보내기보다는 미래에 시간을 투자하는 편이 훨씬 낫다고 생각합니다.

라라(대학 총장)

저는 제 가치관 때문에 직장에서 매일 열심히 일합니다. 무수히 많은 시간을 일에 쏟아붓지만 그 대가에는 전혀 신경 쓰지 않습니다. 알고 보니 제가 지역에서 연봉이 가장 낮은 대학 총장이더군요. 하지만 그래도 괜찮습니다. 돈 때문에 이 일을 하는 게 아니니까요.

트레이시(항공사 임원)

지금 하는 일이 중요하지 않다면 왜 하겠습니까? 저는 매일 아침 일터로 출근합니다. 그곳에서 저는 고객의 안전을 위해 최고의 운항 방법을 모색하는 일을 합니다. 저는 이 일을 목적의식이 있는 중요한 행동으로 생각하고 있습니다. 만약 제가 일에서 이러한 목적의식을 찾지 못했다면 업무 중에 일어나는 온갖 도전과 좌절을 극복하지 못하고 사기가 꺾였을 것입니다. 어쩌면 회사를 그만두었을지도 모릅니다.

신념 테마 실행 아이디어

■ 스스로 전성기라고 여기던 때의 가치관이 무엇이었는지 분명하게 표현해보자. 당신의 가치관은 전성기 때 만족감을 얻는 데 어떤 작용을 했는가? 일뿐 아니라 인생에서도 전성기가 계속되려면 삶을 어떻게 꾸려가야 하는가?

■ 자신의 가치관에 맞는 역할을 적극적으로 찾아보자. 특히 조직의 목표가 사회 공헌에 있는 곳에서 일하는 것이 좋다.

■ 당신이 하는 일의 의미와 목적을 참조하여 자신의 방향을 정하는 주위 사람들이 종종 있을 것이다. 사람들에게 각자의 업무가 중요한 이유를 설명하고 그들의 업무가 본인과 다른 사람들의 삶을 어떻게 변화시키는지 상기시켜주자.

■ 당신은 신념 테마를 통해 사람들과 가슴으로 대화할 수 있다. 목적을 나타내는 문장을 작성해보고 그것을 활용하여 가족, 친구, 동료들에게 당신의 목적을 전하자. 당신에게는 감정에 호소하여 사람들에게 그 목적에 기여하도록 의욕을 불러일으키는 능력이 있다.

■ 당신의 삶에 상당한 영향을 끼쳤던 사람들의 편지나 사진으로 갤러리를 만들어보자. 마음이 울적하거나 무언가에 압도당할 때 이 갤러리를 보면서 당신만의 가치를 되새겨보자. 그러면 기운이 나서 다시 다른 사람들을 위해 헌신할 수 있을 것이다.

■ 일과 사생활을 균형 있게 유지하고 있는지 종종 확인하자. 경력에 헌신하기 위해 가족을 뒤로 미뤄둬서는 안 된다.

■ 가치관을 표현하는 것을 두려워하지 말자. 가치관을 표현해야 다른 사람들이 당신이 어떤 사람이고 당신과 어떻게 관계를 구축해야 하는지를 이해할 수 있다.

■ 기본적인 가치관을 공유하는 친구들을 적극적으로 사귀자. 가장 친한 친구를 생각해보자. 그 사람의 가치관이 당신과 동일한가?

■ 미래지향 테마가 강한 사람과 파트너 관계를 맺자. 그들은 당신의 가치관이 이끄는 방향을 선명하게 보여주어 당신에게 힘을 불어넣어줄 것이다.

■ 가치관은 사람마다 다를 수 있다는 것을 인정하자. 다른 사람들을 비판하지 않으면서 당신의 신념을 표현해보자.

신념 테마가 강한 사람과 일하기

■ 신념 테마가 강한 사람은 자신이 소중히 여기는 것을 열정적으로 실행한다. 그들이 소중하게 여기는 것과 연관된 업무를 맡겨보자. 최고의 성과를 올릴 것이다.

■ 신념 테마가 강한 사람과 일할 때 그들의 가족과 지역사회에 대해 알아보자. 그들에게 중요한 사람들을 위해 그들은 꾸준히 헌신해왔을 것이다. 그 헌신을 이해하고 인정하고 높이 평가하면 그들도 당신을 존중할 것이다.

■ 신념 테마가 강한 사람과 같은 신념 체계를 가질 필요는 없지만 그 신념을 이해하고, 존중하고, 적용해야 한다. 그러지 않으면 심한 갈등이 발생할 수 있다.

DELIBERATIVE
심사숙고

심사숙고 테마의 소유자는 신중하다. 당신은 방심하지 않고 항상 조심한다. 또한 자신의 사적인 일에 대해서는 잘 이야기하지 않는다. 세상이 예측할 수 없는 곳이라는 것 또한 잘 알고 있다. 표면적으로는 모든 것이 질서정연한 것처럼 보이지만, 그 표면 아래에 많은 위험이 도사리고 있다는 것을 안다. 당신은 이러한 위험을 부정하지 않고 하나씩 꺼내어 조명한다. 그래서 위험 요인들을 밝혀내고 진단한 후, 결국 줄인다.

이처럼 당신은 인생에 조심스럽게 접근하는 상당히 진지한 사람이다. 당신은 잘못될 수 있는 부분을 예측하기 위해 미리 계획을 짜는 것을 좋아한다. 친구들을 신중하게 선택하고, 대화 중에 화제가 개인적인 문제로 전환되면 침묵한다. 과도한 칭찬과 인정을 표현하면 오해가 생길 위험이 있으므로 이를 삼가려고 주의한다.

남들처럼 속 시원하게 표현하지 않는다고 당신을 좋아하지 않는 사람들이 있어도 신경 쓰지 말자. 인생은 인기 경연대회가 아니기 때문이다. 당신은 인생을 지뢰밭처럼 느낄 수 있다. 다른 사람들은 앞뒤를 가리지 않고 무모하게 달려들지도 모르지만 당신은 다르게 접근한다. 당신은 위험 요소를 찾고, 위험성을 잰 다음 한 번에 한 발자국씩 심사숙고해서 발을 내딛는다. 그리고 조심스럽게 앞으로 나아간다.

······ 심사숙고 테마가 강한 사람들 ······

딕(영화 제작자)

제게 가장 중요한 일은 작업할 때 변수를 최대한 줄이는 거예요. 변수가 적을수록 위험이 낮아지죠. 감독들과 협상할 때는 항상 작은 문제부터 이야기합니다. 작은 문제들을 싹 정리하고 나면 기분이 상쾌해져요. 집중력이 높아져 다른 문제들을 잘 풀어나갈 수 있죠.

데비 (프로젝트 관리자)

저는 상당히 현실적인 사람이에요. 동료들이 놀라운 아이디어를 쏟아내면 저는 "이 아이디어를 어떻게 실행에 옮길 것인가? 이쪽 팀 혹은 저쪽 팀 사람들이 어떻게 받아들일까?"라고 질문하죠. 일부러 부정적인 태도를 취하며 반대 의견을 내는 게 아니라 사안의 영향력을 가늠하고 위험성을 평가하는 겁니다. 제가 던지는 질문 덕분에 모두가 더 나은 결정을 내릴 수 있다고 믿어요.

제이미 (서비스 근로자)

저는 아주 체계적인 사람은 아니지만, 항상 모든 일을 한 번 더 확인하는 습관이 있어요. 책임감이 강해서는 아니고 그래야 안심이 되기 때문입니다. 인간관계나 업무 혹은 어떤 것에서든 위험을 무릅쓰고 있다고 생각해요. 따라서 제가 딛고 서 있는 나뭇가지가 튼튼한지 알아야만 해요.

브라이언 (학교 행정관리자)

저는 안전한 학교를 만들기 위해 계획을 수립하고 있습니다. 이를 위해 각종 회의에 참석하고 있고, 현재 8개의 위원회가 운영되고 있어요. 지역 단위의 검토 위원회가 있지만 기본 모델에 대해 아직 확신할 수 없는 상태입니다. 제 상사가 "계획이 언제 마무리되나요?"라고 물어도 저는 "아직이요. 아직 자신 없습니다"라고 대답합니다. 그러면 그녀는 환하게 웃으면서 "완벽하지 않아도 괜찮아요. 단지 계획인 걸요"라고 말하죠. 그러나 제가 신경을 쓸수록 만족스러운 결과가 나온다는 것을 알기 때문에 제가 하는 대로 그냥 둡니다. 저는 사전 작업을 철저히 하는 편이라 일단 결정을 하고 나면 나중에 변경할 일이 거의 없습니다.

심사숙고 테마 실행 아이디어

- 심사숙고 테마가 강한 사람은 선천적으로 판단력이 뛰어나므로 조언 및 상담할 수 있는 일을 하면 좋다. 법률 업무, 공정한 상거래 구축 또는 규정 준수 확인 업무가 특히 적합하다.

- 어떤 역할을 맡든, 사람들이 각자의 결정에 대해 충분히 생각할 수 있도록 책임감을 가지고 도와주자. 당신은 다른 사람이 볼 수 없는 요인을 보곤 한다. 그래서 사람들은 자신들의 결정에 대한 의견을 듣기 위해 당신을 찾는다.

- 중요한 일을 결정할 때 얼마나 신중해지는지 사람들에게 알리자. 또한 당신이 위험을 강조하는 이유는 위험을 통제하여 줄이기 위한 것임을 알리자. 다른 사람들이 심사숙고 테마를 망설임이나 행동에 대한 두려움으로 오해하게 두지 말자.

- 심사숙고 테마의 소유자는 신중하며 사려가 깊기 때문에 신뢰를 받는다. 민감한 문제와 갈등을 해결해야 할 때 심사숙고 테마를 활용하자.

- 심사숙고 테마의 소유자는 무모하게 위험을 감수하기보다 신중하게 결정을 내린다. 그러나 믿어지지 않을 만큼 좋은 일이 있다면 본능을 따르는 것도 좋다.

- 변화의 시기에는 보수적으로 결정하는 것이 유리할 수 있다. 다른 사람들에게 이러한 이점을 설명할 수 있도록 준비하자.

- 만난 지 얼마 안 된 사람들이 당신에게 속내를 드러내라고 요구할 수도 있다. 그러나 비밀을 공유하기 전에 상대를 신중하게 파악해야 한다. 당신은 천성적으로 친구를 천천히 사귀는 사람이므로 수는 적더라도 좋은 친구들이 있다는 점에 자부심을 가져도 좋다.

- 주도력, 자기 확신 또는 행동 테마가 강한 사람과 파트너 관계를 맺으면 좋다. 이들과 함께라면 수많은 결정을 올바르게 내릴 수 있다.

- 사람들이 결정에 앞서 '심사숙고'하는 기간을 정하도록 하여 무턱대고 실행에 옮기지 않도록 도와주자. 당신의 이런 조심스러운 태도 덕분에 사람들은 어리석은 행동을 피하고 현명한 결론에 도달할 수 있다.

- 당신은 사실 관계를 모두 파악하여 자신의 입장을 정리할 때까지 시간이 필요한 사람이다. 당신은 변화를 즉시 포용하는 사람이 아니다. 당신은 모든 각도에서 상황을 따져보고 가능한 결과에 대해 꼼꼼히 생각해보는 경향이 있다. 심사숙고 테마가 강한 사람은 충동적으로 행동하는 사람들에게 '브레이크' 역할을 한다.

심사숙고 테마가 강한 사람과 일하기

- 심사숙고 테마가 강한 사람을 충동적인 성향이 있는 팀이나 그룹

에 투입하면 좋다. 이들은 시간을 버는 역할을 하고, 이 집단에 매우 필요한 능력인 신중하게 생각하고 예상하는 능력으로 조직에 기여할 것이다.

■ 심사숙고 테마가 강한 사람은 철저한 사고를 거친 후에야 행동을 취한다. 결정을 하기 전에 계획을 망칠 수 있는 잠재적 위험 요소를 확인해달라고 도움을 요청하자.

■ 심사숙고 테마가 강한 사람은 사생활을 중시한다. 이들에게 빨리 친해지자고 부담을 주면 안 된다. 마찬가지로 이들이 당신과 거리를 둔다고 해서 기분 나쁘게 생각하지 말자.

CONNECTEDNESS
연결성

어떤 일이든 이유가 있어서 일어나는 것이다. 연결성 테마의 소유자는 그렇게 생각한다. 우리 모두가 연결되어 있음을 마음속 깊이 알기 때문이다. 물론 우리 모두는 자신의 판단에 책임을 지는 자유의지가 있는 개인으로서 존재한다. 그런데도 우리는 개인이 아닌 좀 더 큰 네트워크의 일부로서도 존재한다. 이를 '집단 무의식'이라고 부르는 사람도 있고, '영혼(spirit)' 또는 '생명력(life force)'이라 부르는 사람도 있다. 하지만 이를 뭐라 부르건 간에 당신은 고립된 존재가 아니라는 사실에서 자신감을 얻는다. 인류는 서로, 이 지구, 지구 생명체와 연결되어 있기 때문이다.

연결성 테마는 일정한 책임감도 내포하고 있다. 인류가 더 큰 네트워크의 일부라면, 다른 존재에 해를 입혀서는 안 된다. 그것은 스스로에게 해를 입히는 셈이기 때문이다. 누군가를 착취하는 것은 자신을 착취하는 것과 같다. 이런 책임 의식은 당신의 가치관을 형성한다. 당신은 사려 깊고, 자상하며, 포용력이 있다. 인류가 하나로 연결되어 있음을 확신하여 문화적 배경이 서로 다른 사람들을 연결해주는 다리 역할을 한다. 눈에 보이지 않는 더 큰 존재가 있음을 느끼는 당신은 주위 사람들에게 단조로운 인생 이면에 더 큰 삶의 의미가 존재한다는 안도감을 준다.

구체적인 믿음의 내용은 성장 환경과 문화에 따라 다르겠지만 연결성 테마의 소유자인 당신은 인류는 지구적, 우주적 차원에서 연결되어 있다고 믿는다. 인생의 불확실함 속에서 당신의 이런 믿음은 당신과 주변 친구들에게 든든한 힘이 된다.

⋯⋯ 연결성 테마가 강한 사람들 ⋯⋯

맨디(주부)

연결성의 기본은 겸손입니다. 자신이 어떤 사람이고, 어떤 사람이 아닌지 아는 것이죠. 저는 조금 지혜로운 사람입니다. 조금이지만 그 지혜는 진짜죠. 그것은 가진 것을 과장하지 않고, 있는 그대로 겸손하게 생각하는 겁니다. 자신의 재능에 정말 자신감을 갖고 있더라도 모든 문제의 답을 알 수는 없습니다. 내게 없는 지혜가 다른 사람에게 있다는 점을 인정할 때 연결성을 느낄 수 있습니다. 자신이 완벽하다고 생각하면 연결성을 느낄 수 없죠.

로즈(심리학자)

가끔 아침에 시리얼이 담긴 그릇을 보면서, 이 시리얼이 여기에 오기까지 얼마나 많은 사람들의 노고가 있었는지 생각해봅니다. 곡물을 재배한 농부, 농약을 만든 생화학자, 식품 제조 공장의 창고 근로자, 다른 제품이 아닌 이 제품을 사도록 나를 설득시킨 마케팅 담당자까지 말이에요. 좀 이상하게 보일 수도 있지만 이러한 생각을 통해 사람들에게 감사하는 마음을 가지게 되고, 나는 다른 존재들과 연결되어 있구나 하고 느끼곤 합니다.

척(교사)

저는 약간 흑백 논리적인 성향이 있지만 삶은 열린 마음으로 이해하기 위해 노력합니다. 다양한 종교를 알아가면서 삶을 새로운 관점으로 보려고 노력합니다. 요즘은 유대교와 기독교, 가나안 사람들의 종교를 비교한 책을 읽고 있어요. 불교와 그리스 신화도 모두 연관성이 있다는 점에서 매우 흥미롭죠.

연결성 테마 실행 아이디어

■ 경청하고 상담해주는 역할을 찾아보자. 당신은 사람들에게 일상에서 일어나는 일들의 연결성과 목적을 발견하도록 도울 수 있다.

■ 독서 모임을 시작하거나 수련회에 참가하거나 연결성을 실천하는 그룹에 가입하는 등 당신의 연결성 테마를 확장할 구체적인 방법을 찾아보자.

■ 개인의 노력이 더 큰 그림에 어떻게 들어맞는지를 조직의 동료들이 이해할 수 있게 도와주자. 당신은 팀을 구축하고 모든 사람이 자신을 중요한 존재로 느끼게 만드는 리더가 될 수 있다.

■ 연결성 테마가 강한 사람은 조직과 커뮤니티 내에 만들어진 경계를 인식하고 이 경계선들을 부드럽고 유연하게 취급한다. 연결성 테마를 사용하여 지식 공유를 저해하는 고립 문제를 타파해보자.

■ 사람들이 각자의 재능, 행동, 사명 그리고 성공 간에 존재하는 연관성을 깨닫도록 도와주자. 사람들은 자신이 하고 있는 일에 확신을 갖게 되고, 더욱 큰 뜻에 속해 있다고 느끼게 될 때에 목표 달성

을 위해 더욱 헌신하게 된다.

■ 커뮤니케이션 테마가 강한 사람과 파트너 관계를 맺어보자. 이들
  은 실생활에서 만물이 하나로 연결되어 있다는 것을 알려주는 생
  생한 사례를 설명하는 데 필요한 어휘를 찾아준다.

■ 세상을 하나의 네트워크로 보는 관점을 다른 사람들에게 설득하
  느라 너무 많은 시간을 쓰지 말자. 연결성에 대한 당신의 의식은
  직관적인 것이다. 다른 사람들이 이를 직관적으로 이해하지 못한
  다면 그 어떤 논리로도 설득시킬 수 없다.

■ 연결성 테마의 소유자에게 인생철학은 자신의 이익이나 직접적
  인 관계자의 관심사 및 영향력 범위를 넘어서도록 이끌어준다. 그
  렇게 당신은 몸담고 있는 공동체와 세계에서 더 큰 의미를 읽을
  수 있다. 이러한 통찰에 대해 다른 사람들과 이야기해볼 방법을
  찾아보자.

■ 인류가 지닌 본질적 공통점에 대한 당신의 이해를 활용할 수 있
  는 글로벌한 또는 다문화적인 직무를 찾아보자. 보편적인 역량을
  키우고 '우리'와 '그들'을 갈라 사고하는 사람들의 사고방식을 바
  꿔주자.

■ 연결성 테마는 당신이 사람들의 겉모습 너머 이면까지 들여다보고 그들의 인간성을 포용할 수 있도록 도와준다. 당신은 천성적으로 사람에게 붙은 꼬리표를 넘어서서 상대의 본질적인 요구에 초점을 맞출 수 있다.

연결성 테마가 강한 사람과 일하기

■ 연결성 테마가 강한 사람은 사회적 문제를 강하게 의식할 수 있으며 그 문제와 관련한 행동을 하고 있을 가능성이 높다. 그들의 말에 귀를 기울여 그렇게 하는 이유가 무엇인지 파악하라. 그것을 어느 정도 받아들이느냐에 따라 연결성 테마의 소유자와 맺은 관계의 깊이가 달라진다.

■ 연결성 테마가 강한 사람에게 조직의 여러 그룹을 연결하는 업무를 맡겨보자. 이들은 타고난 성향에 따라 모든 것이 어떻게 연결되는지에 대해 늘 생각하므로 사람들에게 서로 의지하는 방법을 보여주는 데 탁월한 능력을 발휘할 것이다.

■ 당신도 연결성 테마가 강한 사람이라면 다른 사람들과 관련된 기
  사나 글, 경험 같은 것을 공유해보자. 이런 과정을 통해 서로 더욱
  큰 집중력을 발휘할 수 있다.

SELF-ASSURANCE
자기 확신

자기 확신은 자신감과 비슷하다. 자기 확신 테마의 소유자는 마음 깊숙이 스스로의 강인함을 굳게 믿고 있으며 자신이 해낼 수 있다는 것을 안다. 위험을 감수하고, 새로운 도전에 임하고, 권리를 주장하고, 일을 완수할 수 있음을 안다.

그러나 자기 확신 테마는 단순한 자신감의 차원을 넘어선다. 이들은 자신의 능력뿐 아니라 판단력에도 확신이 있다. 세상을 바라보는 자신의 시각이 독특하고 분명하다는 것을 안다. 당신과 똑같은 관점에서 볼 수 있는 사람은 아무도 없기 때문에, 누구도 당신 대신 결정해줄 수 없다는 것 또한 안다. 어느 누구도 당신에게 무슨 생각을 해야 할지 강요할 수 없다. 안내나 제안은 할 수 있을 것이다. 하지만 당신만이 결론을 내리고 결정해서 행동할 권한을 가지고 있다. 이러한 권한, 즉 자기 삶을 사는 데 최종 책임은 자신에게 있다는 점을 알기 때문에 당신은 이를 두려워하지 않고 오히려 자연스럽게 받아들인다. 당신은 어떤 상황에서도, 무엇이 옳은 결정인지 알고 있는 것 같다.

　　자기 확신 테마는 확신의 기운을 준다. 많은 사람들과 달리, 당신은 다른 사람의 주장에 쉽게 흔들리지 않는다. 아무리 설득력 있는 주장이라도 말이다. 당신이 가진 다른 테마에 따라 자기 확신 테마는 조용하게 또는 요란하게 발현될 수 있다. 하지만 이 테마는 견고하고 강하다. 마치 모든 종류의 압력을 다 견뎌내야 하는 배의 중심 뼈대처럼, 이 테마는 당신이 다양한 압력을 견디고 계속해서 자신의 올바른 길로 잘 항해할 수 있도록 도와준다.

······ 자기 확신 테마가 강한 사람들 ······

팜(공공 서비스 행정관)
　　　　　　　　저는 아이다호의 외딴 농촌 마을에서 자랐고 작은 시골 학교를 다녔습니다. 어느 날 학교에서 돌아와 어머니에게 전학을 가겠다고 선언했습니다. 그날 아침 선생님께서 학교에

학생들이 너무 많아 세 명의 학생이 다른 학교로 전학을 가야 한다고 말씀하셨죠. 저는 잠시 생각했습니다. 새로운 사람들을 만난다는 생각에 들떴고 제가 전학을 가기로 결정했습니다. 삼십 분 일찍 일어나고 버스로 더 오래 통학하는 불편이 있다고 해도 말이죠. 그때 저는 다섯 살이었습니다.

제임스(영업 사원)

저는 절대 뒷북을 치며 제 자신을 비판하지 않습니다. 생일 선물을 사건 주택을 구입하건 일단 결정을 내리면 선택의 여지가 없었다고 느낍니다. 오직 한 가지 결정만이 있었고 그래서 그렇게 결정한 것입니다. 밤에는 쉽게 잠을 이룹니다. 제 직감은 최종적이고 분명하며 매우 설득력 있습니다.

데버라(응급실 간호사)

응급실에 실려온 환자가 사망하는 경우 직원들은 제게 가족들을 상대해달라고 요청합니다. 어제 일입니다. 신경이 쇠약해진 소녀가 마치 몸속에 악마가 들어 있는 것처럼 소리를 지르고 있었어요. 다른 간호사들은 겁에 질렸지만 저는 어떻게 해야 하는지 알고 있었습니다. 다가가서 이렇게 말했죠. "케이트, 자, 누워보세요. 우리 함께 바루크(Baruch) 기도를 해봐요. 유대교 기도인데요. 이렇게 하는 거예요. 바루크 아타 아도나이, 엘로헤리

누 멜레크 하오람(Baruch Atah Adonai, Eloheinu Melech Haolam)." 그
러자 그녀는 "제가 따라할 수 있게 천천히 말해주세요"라고 대답했
고 제가 그렇게 하자 천천히 제게 다시 그 기도문을 암송해주었어
요. 그녀가 유대인은 아니었지만 바루크 기도가 그녀를 진정시켜주
었습니다. 그녀는 다시 베개를 베고 누우며 말했습니다. "고마워요.
그게 필요했던 거예요."

자기 확신 테마 실행 아이디어

■ 정해진 규칙이 없는 새로 착수되는 프로젝트 등을 찾아보자. 자
기 확신 테마를 소유한 사람은 결정을 많이 내려야 하는 자리에서
최고의 진가를 발휘한다.

■ 당신의 관점을 사람들에게 설득시키는 역할을 찾아보자. 자기 확
신 테마는 주도력 또는 행동 테마와 결합했을 때 매우 큰 설득력
을 발휘한다. 리더십, 영업, 법률 또는 창업가 등이 당신에게 적합
하다.

■ 당신의 자신감을 보여주자. 자신감은 전염성이 강해 주변 사람들이 성장하는 데 도움이 된다.

■ 당신의 확신 또는 직감을 다른 사람들은 독선적으로 볼 수 있다. 당신에게 자신감이 있다고 해서 다른 사람들이 자기 의견을 보류해야 하는 것은 아니라는 것을 설명하자. 그렇게 보이지 않을 수도 있지만 당신은 다른 사람의 아이디어를 정말 듣고 싶어한다. 당신이 자신에게 확신이 있다고 해서 다른 사람의 의견을 듣지 않는 것은 아니다.

■ 자기 확신 테마가 가지고 있는 독립적인 성격은 당신을 고립시킬 수도 있다. 이런 상황이 발생하면 스스로 앞에 나서서 설명하거나 다른 사람들에게 당신을 따르면 얻을 수 있는 혜택을 알려줄 수 있는 사람과 파트너 관계를 맺자.

■ 전략, 심사숙고 또는 미래지향 테마가 강한 사람과 파트너 관계를 맺자. 이들은 당신이 약속한 목표를 스스로 평가하도록 도와줄 수 있다. 당신은 목표를 정하면 목표가 달성될 때까지 이를 유지하려는 성향이 있기 때문에 이들의 도움이 필요하다.

■ 당신은 열심히 오랜 시간 일한다. 그것은 당신이 일에 대해 느끼

는 열정과 자신감에서 나오는 자연스러운 모습이다. 하지만 다른 사람들도 당신과 비슷할 것이라고 생각하지는 말자.

■ 당신은 상황이 끊임없이 변하고 궤도를 벗어나도 결단력을 발휘한다. 주변이 혼란스러울 때 당신 내부의 침착함과 확신을 의도적으로 드러내고 공유하면 좋다. 사람들은 당신의 모습에서 편안함과 안도감을 느낄 것이다.

■ 목표를 크게 세우자. 다른 사람들에게는 비현실적이고 불가능해 보이는 목표가 당신에게는 유능한 인재와 약간의 운만 따른다면 달성할 수 있는, 그저 대담하고 흥미진진한 목표로 보인다면 망설일 필요가 없다. 자기 확신 테마는 상상할 수조차 없었던 성과를 달성해낸다.

■ 자기 확신 테마의 소유자에게는 다른 사람의 지침과 지원이 크게 필요하지 않다. 따라서 독자적인 생각과 행동이 요구되는 상황에서 특히 두각을 나타낼 수 있다. 자신감과 자기 통제가 중요할 때 자기 확신 테마의 가치를 인식하고 이를 적극적으로 활용하자.

자기 확신 테마가 강한 사람과 일하기

■ 자기 확신 테마가 강한 사람에게는 결정권을 부여하는 것이 좋다. 이들은 다른 사람들의 도움이 필요 없으며 그들의 도움을 원치도 않는다.

■ 자기 확신 테마가 강한 사람에게는 자신의 결정과 행동이 어떤 결과를 만들어내는지 볼 수 있게 하자. 이들은 자신의 세계를 통제할 수 있다고 믿을 때 최고의 실력을 발휘한다. 이들에게 효과적인 방식을 집중적으로 보여주면 좋다.

■ 자기 확신은 대개 유익하지만, 지나치게 고집을 부리거나 심각한 오판을 내릴 때는 즉시 지적해야 한다. 자기 확신 테마가 강한 직원에게 피드백할 때는 직관적으로 깨달을 수 있게 명확해야 한다.

ADAPTABILITY
적응

적응 테마의 소유자는 현재에 충실하다. 당신은 미래를 이미 정해진 종착역으로 보지 않고, 선택을 통해 스스로가 만들어가는 것이라 생각하기 때문이다.

당신은 다양한 선택을 거쳐 자신의 미래를 발견한다. 그렇다고 계획 없이 산다는 의미는 아니다. 당신에게도 계획은 있다. 하지만 적응 테마를 활용해 기꺼이 매 순간의 요구에 부응하곤 한다. 자신의 계획에서 벗어나는 한이 있어도 말이다.

갑작스러운 요청이나 예정에 없던 우회 상황이 발생하면 싫어하는 사람도 있지만 당신은 그렇지 않다. 당신은 이런 일을 불가피하다고 여긴다. 어떤 면에서 당신은 내심 이런 변화를 고대하기도 한다. 필요에 따라 많은 일을 동시에 신경 써야 할 때에도 생산성을 잃지 않는 당신은 대단히 유연한 사람이다.

⋯⋯ 적응 테마가 강한 사람들 ⋯⋯

마리(TV 프로그램 제작자)

저는 어떤 일이 벌어질지 예상할 수 없다는 점에서 생방송을 좋아합니다. 저는 10대를 위한 최고의 크리스마스 선물이라는 내용을 준비하다가도 순식간에 대선 후보 사전 인터뷰 작업을 진행할 수도 있다고 생각해요. 항상 이렇게 살았던 것 같습니다. 매 순간을 만끽하면서요. 누군가 내일 무엇을 할지 물을 때면 항상 "몰라요. 기분에 따라 달라져요"라고 대답합니다. 남자 친구가 일요일 오후에 골동품 시장에 갈 계획을 세우면 저는 마지막 순간에 마음을 바꿔 집에 가서 일요신문이나 읽자고 제안해 남자 친구를 짜증나게 만듭니다. 하지만 제 성격에서 긍정적인 측면도 찾을 수 있습니다. 반대로 생각해보면 제가 뭐든지 할 준비가 되어 있다는 의미이기도 하니까요.

린다(프로젝트 관리자)

저는 직장에서 가장 차분한 사람입니다. 계획이 잘못되어 내일까지 전면 수정해야 한다는 소리를 들으면 동료들은 긴장하여 표정이 굳지만 저는 다릅니다. 저는 바로 변경된 계획에 적응할 수 있어요. 그것도 꽤 즐겁게요. 저는 이렇게 즉시 대응해야 하는 급박한 상황을 즐길 수 있는 여유가 있습니다. 그리고 그런 순간들은 제가 살아 있음을 느끼게 해줍니다.

피터(기업 강사)

저는 대부분의 사람들보다 제 삶을 잘 다룬다고 생각합니다. 지난주 누군가가 제 자동차의 유리창을 깨고 자동차 스테레오를 훔쳐갔습니다. 물론 화가 났지만 그 일 때문에 하루를 망쳤다고 생각하지는 않습니다. 깨진 유리를 치우고 사고에 대한 생각을 접은 저는 그날 해야 할 일을 바로 시작했습니다. 화를 내면 기분이 나빠질 뿐 달라지는 게 없잖아요. 그 시간에 제가 해야 할 일을 하는 게 낫죠.

적응 테마 실행 아이디어

■ 다른 사람들이 일상적인 일로 화를 낼 때 침착하게 진정시켜주는 사람이라는 평판을 쌓아보자.

■ 체계성과 예측력이 필요한 역할은 피하자. 이런 역할은 당신을 쉽게 지치게 만들고 능력이 부족하다는 느낌을 주며 독립성을 떨어뜨린다.

■ 압박이 가해지면 주저하는 친구, 동료 및 고객이 자신을 침착하게 추스리고 상황을 통제할 방법을 찾을 수 있도록 도와주자. 적응이란 단순히 어려운 상황에 자신을 맞추는 것이 아니라는 것을 설명해보자. 적응이란 상황에 침착하고 지혜롭고 순조롭게 대응하는 것이다.

■ 다른 사람들이 당신의 타고난 유연성을 오용하게 해서는 안 된다. 적응 테마가 다른 사람들의 변덕, 열망 및 요구에 맞추느라 자신의 장기적인 성공을 방해해서는 안 된다. 유연성을 발휘할 때와 소신을 굽히지 않을 때를 구분하는 현명한 지침을 만들자.

■ 지속적으로 변화하는 환경에 어떻게 대처하는지에 따라 성공이 좌우되는 역할을 찾아보자. 언론, 생방송 TV 프로그램 제작, 응급 진료 및 고객 서비스 같은 분야의 직업을 고려하자. 이런 역할에 서는 빠르게 대처하고 분별을 유지하는 것이 최선의 방책이다.

■ 상황에 따라 대응 방식을 세심하게 다듬어야 한다. 예를 들어 직업상 예상치 못한 출장을 떠나야 하는 일이 잦다면 30분 만에 짐을 싸서 출발하는 방법을 익히자. 업무가 예측할 수 없는 속도로 쏟아지는 일이 자주 있다면 업무 부담이 가중될 때 가장 먼저 취할 3가지 조치를 연습해보자.

■ 계획을 세워줄 다른 사람을 찾는 것도 좋다. 집중, 전략, 신념 등의 테마가 강한 사람들은 장기 목표를 수립하는 데 도움을 주어 당신이 일상적인 변화에 훌륭하게 대처하도록 지원해줄 수 있다.

■ 적응 테마가 강한 당신은 감정을 폭발시키지 않고 자제하는 평온한 태도를 갖고 있다. '지나간 일을 두고 후회하지 않는' 당신은 실패에서 빨리 벗어날 것이다. 당신의 이런 성격을 인식하고 친구와 동료들에게 이것이 '신경쓰지 않는' 태도라기보다는 생산적인 유연성이라는 것을 알려주자.

- 당신의 다양성을 억압하는 너무 구조적이고 틀에 박힌 작업은 피하자. 완료할 작업 목록이 있는 경우 해당 목록 달성을 게임처럼 만들어 유연성을 발휘해보면 좋다. 이런 과정을 통해 당신이 창의성을 발휘할 수 있는지 또는 업무를 좀 더 재미있게 수행할 수 있는지 확인하라.

- 마음을 편안하게 해주는 당신만의 태도로 업무나 인간관계에 불만 있는 친구, 동료를 진정시키자. 그들에게 사용한 접근 방식을 생각해보고 같은 상황이 발생할 때 다시 적용해보자.

적응 테마가 강한 사람과 일하기

- 적응 테마가 강한 사람은 융통성이 뛰어나기 때문에 어떤 팀에 투입되어도 대부분 가치 있는 성과를 만들어낸다. 계획이 어긋나더라도 새로운 환경에 적응하여 계속 전진하려고 노력한다. 그들은 부루퉁해져 구석에 앉아 있지 않는다.

- 적응 테마는 '흐름을 따르는' 성향이기 때문에 다른 사람들이 마

음껏 실험하고 학습할 수 있는 환경을 조성한다.

■ 적응 테마는 즉각적인 행동이 필요한 단기 과제에서 가장 높은
생산성을 발휘한다. 장기적인 전쟁보다는 단기적인 전투로 점철
된 인생을 선호한다.

STRATEGIC
전략

전략 테마는 혼돈에서 벗어나 최선의 길을 찾게 해준다. 이 테마는 가르친다고 배울 수 있는 기술이 아니다. 이는 독특한 사고방식이며, 세상 전반에 대한 특별한 시각이다.

이런 특별한 시각 때문에 전략 테마의 소유자는 복잡하게 보이는 혼돈 속에서도 패턴을 발견할 수 있다. 당신은 이런 패턴을 바탕으로 여러 가지 대안과 시나리오를 생각해본다. '이렇게 되면 어떤 일이 벌어질까? 저렇게 되면 또 어떤 일이 벌어질까?'라고 반복해서 자문하다 보면 다음에 일어날 일을 예측할 수 있다. 이러한 방식으로 당신은 자신에게 장애물이 될 만한 것을 정확하게 파악할 수 있다.

당신의 눈에는 각각의 길이 어디에 이르는지 보이기 때문에 이를 바탕으로 선택을 할 수 있다. 목표 성취에 도움이 안 되는 길, 저항에 부딪칠 길, 혼돈의 안개로 이어지는 길은 선택에서 제외한다. 이렇게 추려내는 과정을 통해 결국에는 당신이 원하는 경로, 즉 당신이 선택한 전략에 도달한다. 튼튼한 전략으로 무장한 당신은 이제 "공격 앞으로!"를 외치며 전진한다. 한마디로 전략 테마는 현실에서 여러 가상 상황과 대안을 세우고 그중 가장 좋은 전략을 선택한 후, 목표를 향해 전진하는 것으로 발현된다.

⋯⋯ 전략 테마가 강한 사람들 ⋯⋯

리암(제조 공장 관리자)

제게는 다른 사람보다 먼저 결과를 내다볼 수 있는 능력이 있는 것 같습니다. 저는 사람들에게 "위를 보세요. 길 아래쪽을 여러 방향으로 잘 살피세요. 내년에는 우리 상황이 어떨지 논의해봅시다. 내년 이맘때쯤 같은 문제를 겪지 않도록 말이죠"라고 말합니다. 제 눈에는 결과가 뻔히 보이는데 다른 사람들은 보이지 않나 봅니다. 다들 이번 달 수치에만 집중할 뿐이에요.

비비안(TV 프로그램 제작자)

저는 어릴 적에 논리 문제를 정말 좋아했습니다. 'A가 B이고 B가 C일 때 A는 C인가?'라는 문제 말입니다. 지금도 저는 진행 상황을 지켜보면서 파급효과를 생각합니다. 이것이 저를 좋은 면접관으로 만들어줬다고 생각합니다. 저는 우연한 것은 아무것도 없다고 믿습니다. 모든 신호, 모든 단어, 모든 어조가 중요한 단서가 되죠. 저는 이런 단서를 관찰하고 제 머릿속에 넣은 다음 어떤 일이 일어나는지 지켜본 후에 머릿속에 떠오른 것을 이용하여 질문을 계획합니다.

사이먼(인사 담당 임원)

우리는 노조와 대결해야 했으며 저는 노조와 대결할 아주 좋은 기회를 포착했습니다. 노조가 의견을 고집한다면 온갖 문제가 생긴다는 것을 직관적으로 알 수 있었어요. 그런데도 노조는 고집을 꺾지 않았고 그들이 목표점에 도착했을 때 저는 준비된 상태로 그들을 기다리고 있었습니다. 어떤 사람이 무엇을 할지 예측하는 것은 자연스러운 일입니다. 상대방이 반응하면 저는 즉시 대응할 수 있습니다. '그들이 이렇게 하면 나는 이렇게 할 거야'라고 생각하며 기다렸기 때문이죠. 돛단배에 몸을 싣고 있는 것과 같습니다. 하나의 목표를 가지고 그 목표를 달성하기 위해 여러 방향을 살피며 계획하고 반응하고 또 계획하고 또 반응하는 것이죠.

전략 테마 실행 아이디어

■ 목표와 관련한 패턴이나 문제가 드러날 때까지 성취하려는 것에 대해 시간을 내어 숙고하거나 성찰할 시간을 가지자. 성찰의 시간은 전략적 사고(strategic thinking)에 필수적이다.

■ 전략 테마의 소유자는 다른 사람보다 어떤 일이 미치는 영향을 보다 분명하게 파악할 수 있다. 대응 범위를 세부적으로 계획하여 이 능력을 활용하자. 목적지에 도달할 준비가 되어 있지 않다면 어떤 일의 목적지가 무엇인지 파악하는 것은 의미가 없다.

■ 중요한 일을 수행하는 그룹을 찾아서 당신이 전략적 사고를 통해 얻은 통찰을 알려주자. 당신은 아이디어만으로 리더가 될 수 있다.

■ 뚜렷한 비전이 한낱 몽상으로 전락하지 않으려면 당신의 전략적 사고가 필요할 것이다. 비전을 실현하기 위해 필요한 모든 방법을 충분히 고민해보자. 사전에 지혜로운 숙고를 거친다면 장애물을 미리 제거할 수 있다.

■ 당신을 상담 가능한 사람으로 알리자. 특정 문제로 쩔쩔매는 사람들이나 특정 장애 혹은 장벽에 가로막힌 사람들이 당신을 찾아오게끔 하자. 다른 사람들이 방법이 없다고 확신할 때도 당신은 손쉽게 길을 찾아내기 때문에 사람들을 성공으로 이끌 수 있다.

■ 전략 테마의 소유자는 다른 사람보다 잠재적 문제를 쉽게 예상할 수 있다. 위험 가능성에 대한 당신의 인식은 때때로 부정적인 태도로 비칠 수 있지만 난관을 극복하려면 당신의 통찰이 필요하다. 당신의 의도를 오해하지 않도록 미래의 장애뿐만 아니라 장애를 예방하거나 극복하는 방법을 짚어주자. 자신의 통찰을 믿고 이를 활용하여 노력의 결실을 맺자.

■ 당신의 전략적 사고가 다른 사람의 아이디어를 과소평가하는 것이 아니라 계획의 모든 면을 객관적으로 생각하는 자연스러운 성향이라는 점을 이해시키자. 당신이 반대론자의 역할을 하는 것이 아니라 어떤 어려움이 있어도 목표를 달성할 수 있도록 모든 방법을 점검하는 것임을 사람들에게 알려야 한다. 당신의 재능은 최종적으로 도달해야 할 목표에 집중하면서도 다른 사람의 부족한 관점을 고려하는 데 도움이 될 것이다.

■ 당신의 직관적인 통찰을 믿자. 이성적으로 설명하지 못한다고 해

도 당신의 직감은 본능적으로 예상하고 예측하는 두뇌에 의해 만들어진다. 당신의 직감에 자부심을 가져도 좋다.

■ 행동 테마가 강한 사람과 파트너 관계를 맺자. 이 사람의 행동 요구와 당신의 예측 요구가 조화를 이루면 강력한 시너지를 낼 것이다.

■ 전략 테마의 소유자는 새로운 계획이나 대규모 사업의 초기 단계에 참여해야 한다. 혁신적이면서도 절차적인 전략 테마의 접근 방식은 프로젝트 창안자의 시야가 좁아져 치명적인 상황이 벌어지는 상황을 막기 때문에 새로운 사업을 시작하는 초기 단계에 꼭 필요하다.

전략 테마가 강한 사람과 일하기

■ 전략 테마가 강한 사람을 계획 과정에 참여시키자. "이렇게 되면 어떻게 하는 게 좋을까? 저렇게 되면 어떻게 하는 게 좋을까?"라는 질문을 던지자.

■ 전략 테마가 강한 사람에게 의견을 구하기 전에 항상 상황에 대해 충분히 생각할 수 있는 시간을 주어야 한다. 그들은 시나리오를 여러 개 구상할 때까지 의견을 말하지 않을 것이다.

■ 만약 당신이 효과를 보인 전략에 대해 들어보거나 읽어본 것이 있다면 전략 테마가 강한 사람에게 말해주면 좋다. 그들의 생각을 자극할 것이다.

RELATOR
절친

절친 테마는 대인관계에 대한 태도를 설명한다. 절친 테마의 소
유자는 새로운 사람보다 이미 알고 있는 사람들에게 더 큰 관심이
있다. 그렇다고 새로운 사람 만나기를 피한다는 뜻은 아니다. 경우에
따라서는 다른 테마의 작용으로 인해 낯선 사람들을 사귀는 것을 무
척 좋아할 수도 있다. 하지만 친한 친구들에게서 많은 기쁨과 힘을
얻는 것도 분명한 사실이다.

절친 테마의 소유자인 당신은 친밀함을 편안하게 느낀다. 따라서
일단 관계가 형성되면, 상대를 더 깊게 알기 위해서 더 많이 노력한
다. 당신은 친구들이 느끼는 정서와 두려움 그리고 추구하는 목표와
꿈을 이해하려고 하며 친구들도 당신의 이런 성향을 이해해주기 바

란다. 당신은 이런 종류의 친밀감에 이용당할 위험이 어느 정도 내포되어 있다는 것도 안다. 하지만 이용당할 위험도 기꺼이 감수한다. 당신에게 관계는 진실해야만 가치가 있기 때문이다. 그리고 관계가 진실한지 판단할 수 있는 유일한 방법은 상대방을 믿고 자신을 드러내는 길밖에 없기 때문이다.

서로 더 많이 공유할수록, 위험도 더 많이 공유하게 될 것이다. 이렇게 위험을 함께 감수하는 과정을 거치면서, 각자의 마음이 진실하다는 것이 더 확실하게 증명된다. 이것이 진정한 우정을 만들어가는 당신의 절차다. 그리고 당신은 기꺼이 이 절차를 밟는다.

······ 절친 테마가 강한 사람들 ······

제이미(기업인)

저는 대인관계에 있어 확실히 까다로운 편입니다. 처음 만나는 사람과 거리를 두는 편이죠. 처음에는 상대를 잘 알지 못하므로 그저 친절하게 대하는 수준을 유지합니다. 하지만 어떤 상황으로 인해 서로를 더 잘 알게 되면 어떤 임계점에 닿으면서 상대에게 갑자기 더 많은 것을 투자하고 싶어집니다. 나에 대해 더 많은 것을 알려주고 상대에게 도움을 주기 위해 특별히 애쓰며 더 친밀해지기 위한 일들을 하며 상대에게 관심을 갖고 있다는 사실을 보여줍니다. 좀 이상하죠. 제게 더 많은 친구가 필요했던 건 아니거든요. 친구는 지금으로도 충분히 많아요. 하지만 새로운 사람을 만나 임계점에 닿으면 더 깊은 관계를 구축하고 싶은 마음이 듭니다. 지금 회사에 부하직원이 열 명인데 이들 한 명 한 명이 저에게는 정말 친한 친구입니다.

개빈(항공 승무원)

제게는 훌륭한 지인들이 많지만 정말 소중하게 생각하는 진정한 친구는 그렇게 많지 않습니다. 그런데 저는 이런 대인관계가 정말 괜찮아요. 가족처럼 정말 가까운 사람들과 보내는 시간이 제게는 최고의 시간입니다. 저희 가족은 매우 독실한 아일랜드계 가톨릭 신자들로 틈나는 대로 모이고는 합니다. 남자 형제와 여자 형제가 다섯 명이고 조카도 열 명이나 되는 대가족이지만 한 달에 한 번은 만나 정말 즐거운 시간을 갖곤 합니다. 이 모임에서 저는 촉매제 같은 역할을 합니다. 다시 시카고로 돌아오면 생일이나 기념일이 아니더라도 핑곗거리를 만들어서라도 가족들을 소집하여 3~4일 동안 어울리며 즐거운 시간을 보냅니다. 우리는 함께하는 시간을 진심으로 즐기고 있습니다.

토니(조종사)

저는 해병대에서 조종사로 일을 했는데요. 해병대에서는 '친구'라는 단어를 좋아해야 합니다. 다른 사람을 흔쾌히 신뢰할 수 있어야 하거든요. 저는 수도 없이 많이 다른 사람 손에 제 생명을 맡겼습니다. 저는 친구에게 의지하며 비행했고 친구가 저를 엄호하지 않았다면 이미 죽었을지도 모릅니다.

절친 테마 실행 아이디어

■ 우정을 장려하는 직장을 찾아보자. 지나치게 격식을 차리는 조직에서는 제대로 실력을 발휘하기 힘들다. 면접에서 업무 스타일과 회사의 문화에 대해 물어보자.

■ 만나는 사람들에 대해 의도적으로 최대한 많이 알아보자. 당신은 사람에 대해 알고 싶어하며, 사람들은 타인이 자신에게 관심을 보이는 것을 좋아한다. 당신은 신뢰관계를 구축하는 데 촉매제 역할을 할 것이다.

- 당신이 사람들의 지위나 직책보다는 성격이나 개성에 더 관심이 있다는 것을 알리자. 이것이 당신이 가진 지배적 재능 중 하나이며 다른 사람들에게 본보기가 될 수 있다.

- 절친 테마 안에 있는 배려심을 활용하자. 예를 들어 회사 내에서 당신이 멘토가 되어줄 수 있는 사람들을 찾아보거나, 동료들이 서로 더 잘 알 수 있게 도와주거나, 관계를 사무실 바깥으로 확장해보자.

- 아무리 바쁘더라도 친구들과 늘 연락하며 지내자. 그들은 당신에게 힘을 주는 원동력이다.

- 친구들을 솔직하게 대하자. 진심 어린 배려는 다른 사람의 성공을 돕고 목표를 완수할 수 있는 원동력이 된다. 친구가 더 이상 힘들어하지 않도록 솔직한 피드백을 주거나 격려하는 것은 공감하는 행동이다.

- 절친 테마는 어떤 기능을 수행하는 사람, 상사, 어떤 직위를 가진 사람보다는 한 사람 한 사람의 동등한 존재 또는 친구가 되고 싶어한다. 공식 직함이 아닌 이름으로 당신을 불러도 된다고 사람들에게 알려주자.

■ 당신은 다른 사람이 마음을 열었다고 판단하기 전까지는 당신의 가장 매력적인 측면을 내보이지 않는다. 어느 한쪽의 노력만으로는 관계를 형성할 수 없다. 당신이 먼저 '특별한 노력'을 기울이자. 사람들은 곧 당신의 진정성을 알아챌 것이고 끈끈하고 오래 지속되는 인맥을 쌓을 기회가 더 많아질 것이다.

■ 가까운 친구들과 가족에게 시간을 투자하자. 절친 테마를 '충족' 시키려면 사랑하는 사람들과 좋은 순간을 보내야 한다. 당신에게 안정과 행복을 느끼게 해주는 사람들과 더욱 친밀한 관계를 유지할 수 있는 활동을 계획해보자.

■ 직장 밖에서 동료 및 팀원들과 사교 모임을 가져보자. 함께 모여 식사를 하거나 커피를 마시는 것도 좋다. 이렇게 하면 직장에서 더 친밀한 관계를 구축할 수 있고, 그로 인해 더욱 효과적인 팀워크와 협력을 이끌어낼 수 있다.

절친 테마가 강한 사람과 일하기

■ 절친 테마가 강한 사람은 동료와 진정한 유대를 형성하는 것을
즐긴다. 이런 관계를 구축하기 위해서는 시간이 필요하므로 그들
과 친해지려면 시간을 꾸준하게 투자해야 한다.

■ 절친 테마가 강한 사람을 소중하게 여기고 있다고 직접 이야기해
보자. 그들은 이러한 표현을 부적절하게 생각하기보다는 고마워
할 것이다. 그들은 가까운 사람들과의 관계를 중심으로 삶을 계
획하므로 당신과 어느 정도의 관계를 유지할 수 있는지 알고 싶
어한다.

■ 절친 테마가 강한 사람은 기밀 정보를 신중히 다룬다. 충성심이
강하고 신뢰를 중시하므로 당신의 신뢰를 배신하지 않는다.

ARRANGER
정리

정리 테마의 소유자는 수많은 연주자들을 잘 조율해내는 지휘자와도 같다. 많은 변수들이 얽힌 복잡한 상황에서도 가장 효율적인 구성으로 정리되었다고 확신할 때까지 모든 변수를 조정하고 또 조정하는 것을 즐긴다.

당신은 이런 자신을 전혀 특별하게 생각하지 않는다. 그저 일을 처리할 최선의 방법을 찾으려고 노력할 뿐이다. 하지만 다른 사람들은 당신을 경외의 눈으로 바라본다. "어떻게 그렇게 많은 것을 동시에 생각할 수 있지요? 어떻게 지금 막 떠오른 새 구상 때문에 여태껏 열심히 세워온 계획을 접어버릴 수가 있습니까? 어떻게 그런 유연성을 발휘할 수 있나요?"라고 묻곤 한다. 하지만 당신은 그렇게 할 수밖에 없다. 당신은 뛰어난 유연성을 발휘하는 '유연성의 표본'이기 때문이다. 이것이 좀 더 저렴한 운임을 찾아내서 막판에 여행 일정을 조정하는 경우이건, 새로운 프로젝트 완수를 위해 인적·물적 자원을 가장 적절하게 배치하는 경우이건 말이다.

평범한 상황에서 복잡한 상황에 이르기까지 당신은 항상 완벽한 구성과 조합을 찾는다. 물론 당신은 역동적인 상황에서 최상의 능력을 발휘한다. 예기치 않은 상황에 직면하면 애써 세운 계획을 변경할 수 없다고 고집을 부리거나 기존 규정과 절차를 핑계로 변화를 회피하는 사람도 있지만 당신은 다르다. 고집하거나 회피하는 대신 이 혼란에 몸을 던져 새로운 방법을 궁리해내고, 장애요인이 가장 적은 새로운 방안을 찾아내고, 새로운 협력관계를 고안해낸다. 왜냐하면 더 나은 방법이 존재할 수도 있기 때문이다.

⋯⋯ 정리 테마가 강한 사람들 ⋯⋯

세라(재무 총괄자)

　　　　　　　저는 임기응변을 요하는 매우 복잡한 상황에서 모든 요소가 어떻게 들어맞는지 파악하는 것이 재미있습니다. 사람들은 어떤 상황에서 30개의 변수를 발견하면 30개를 모두 감안하려고 지나치게 집착합니다. 저는 이 같은 상황에서 3개의 옵션만을 생각합니다. 단 3개밖에 되지 않기 때문에 쉽게 결정을 내린 후 상황을 정리할 수 있습니다.

그랜트(운영 관리자)

하루는 제조공장에서 한 제품의 수요가 예상치를 훨씬 초과했다는 연락을 받았습니다. 잠깐 고민하다 월 단위가 아닌 주 단위로 제품을 출하하면 되겠다는 아이디어가 떠올랐습니다. 그래서 유럽 자회사에 연락해 현지 수요를 파악하고 우리의 상황을 알린 후 그쪽의 주간 수요에 대해 물어보자고 했습니다. 그러면 재고를 쌓아놓지 않고도 요구량을 맞출 수 있으니까요. 물론 운송비가 인상되겠지만 재고가 부족한 것보다는 훨씬 낫습니다.

제인(사업가)

여럿이 영화나 축구경기 등을 보러 갈 때가 있는데, 그럴 때마다 저는 힘듭니다. 모두 제가 입장권을 구해오고 교통편을 알아보리라 믿고 의지하기 때문입니다. 왜 항상 이런 일은 제 몫이냐고 묻자 "그야 네가 일을 제일 잘 처리하니까. 우리라면 30분은 걸릴 일을 너는 훨씬 빠르게 해치우는 것 같아. 네가 매표소에 전화해 표를 정확하게 주문하기만 하면 모든 일이 단번에 끝나잖아"라고 말하더군요.

정리 테마 실행 아이디어

■ 동료, 친구의 목표를 파악하라. 이들의 목표를 잘 알고 있다고 알려주고 그들의 성공을 지원하라.

■ 팀을 구성해야 한다면 정리 테마의 소유자를 포함시키자. 그들은 다른 사람들의 재능, 기술, 지식을 제대로 알고 있기 때문에 팀을 어떻게 구성해야 하는지 잘 안다.

■ 정리 테마의 소유자는 매우 다양한 사람들이 함께 협력할 수 있는 방법을 직관적으로 감지한다. 다양한 개성과 의견을 가진 그룹에는 정리 테마가 필요하다.

■ 당신의 많은 작업, 프로젝트 및 의무의 마감일을 기록하라. 당신은 저글링 곡예사처럼 많은 활동을 즐기는 편이지만 정리 테마가 덜 강한 다른 사람들은 자신들의 프로젝트에 관해 당신이 자주 작업하지 않는 모습을 보고 불안해할 수 있다. 그들의 불안감을 진정시키기 위해 당신의 진척도를 알려주는 것이 좋다.

■ 정해진 절차가 거의 없는 복잡하고 역동적인 환경을 찾아보자.

- 컨벤션, 큰 파티 또는 회사 기념일같이 큰 행사를 조직하는 일을 맡으면 좋다.

- 당신의 업무방식을 사람들에게 제안할 때는 그것을 이해할 시간을 줘야 한다. 저글링 같은 사고방식이 당신에게는 당연한 일이지만 기존 절차에서 벗어나는 것을 어려워하는 사람들도 있다. 당신의 방식이 왜 더 효과적인지를 시간을 들여 명확하게 설명하라.

- 조직의 가장 역동적인 영역에서 정리 테마를 발휘해보자. 정적이고 일상적인 사업부 또는 부서는 당신을 따분하게 만들 것이다. 당신은 정리 테마를 발휘할 수 있는 환경에서 일을 잘하며 따분한 환경은 견디기 힘들어한다.

- '만일 ~한다면' 식의 사고방식을 공유해 사람들에게 당신의 광범위한 전문성을 보여주자. 모든 옵션과 절차를 신중하게 고려하는 당신의 면모를 알게 되면 사람들은 당신을 더욱 신뢰하게 된다.

- 당신은 사람뿐만 아니라 공간을 구성하는 방식에도 유연하다. 공간 또는 절차를 다시 배열하여 업무 흐름을 개선함으로써 효율성을 극대화하고 당신과 다른 사람들의 시간을 절약시켜주는 방법을 찾아보자.

정리 테마가 강한 사람과 일하기

■ 정리 테마가 강한 사람은 다양한 측면을 지닌 복잡한 작업을 좋아한다. 그들은 여러 가지 일을 동시에 진행할 때 가장 많이 발전한다.

■ 프로젝트 팀의 구성원을 선정하고 배치하는 일은 정리 테마가 강한 사람에게 맡기자. 개개인의 강점을 어떻게 엮어야 최고의 성과를 낼 수 있는지 알고 있다.

■ 정리 테마가 강한 사람은 유연성도 뛰어나다. 그들은 진행이 순조롭지 않은 일을 진행시키는 융통성을 발휘할 기회를 즐긴다.

SIGNIFICANCE
존재감

존재감 테마의 소유자는 다른 사람에게 매우 중요하게 보이고 싶어한다. 이 말의 정확한 뜻은 '인정받기'를 원한다는 것이다.

당신은 다른 사람들이 당신의 말을 경청하기를 원한다. 다른 사람들보다 특별히 두드러지고 이름이 알려지기를 원한다. 특히 자신의 독특한 강점들로 이름이 알려지고 인정받기를 원한다. 당신은 신뢰도가 있는 사람, 전문성이 있는 사람, 성공한 사람으로 존경받고 싶다. 또한 전문성이 있으며, 성공한 사람들과 어울리고 싶어한다. 당신이 어울리고 있는 사람들이 그렇지 않은 경우에는 그렇게 될 때까지 그들을 자극한다. 그래도 상대가 변하지 않으면 당신은 그냥 제 갈 길을 간다.

독립적인 정신의 소유자인 당신은 자신이 하는 일이 직업이라기보다는 일종의 생활 방식이기를 원한다. 구속 받지 않고 원하는 방식으로 자유롭게 일하고 싶어한다. 당신은 열망이 강한 사람이며, 자신의 열망을 중요하게 생각한다. 그래서 당신의 생활에는 목표, 성취해야 할 것들 그리고 취득해야 할 자격으로 가득 차 있다. 무엇에 초점을 두는지는 각 개인에 따라 다르지만, 존재감 테마는 당신을 평범한 수준에서 출중한 수준으로 끌어올린다. 이 테마는 당신이 더 높은 곳을 향해 도전하도록 만든다.

······ 존재감 테마가 강한 사람들 ······

마리(의료업계 임원)

여성들은 대개 어릴 때부터 "너무 잘난 체하지 마라. 너무 당당하게 굴지 마라"와 같은 말을 들어왔습니다. 하지만 저는 힘을 가져도 좋고 자신감을 가져도 좋으며 자부심을 크게 가져도 좋다는 것을 살면서 배웠습니다. 또한 이를 올바른 방향으로 관리해야 한다는 것도 알고 있죠.

케이티(법률 회사의 파트너)

저는 기억 가능한 어린 시절부터 제가 특별하며 책임지고 무언가 이룰 수 있다는 것을 느꼈던 것 같아요. 1960년대에 저는 우리 회사에서 최초의 여성 파트너였죠. 여기 저기 중역 회의실을 돌아다녀 봐도 여성은 저뿐이었죠. 생각해보면 이상한 일이죠. 힘든 환경이었어요. 하지만 저는 눈에 띄는 것으로 인한 중압감을 즐겼던 것 같아요. '여성' 파트너라는 것에 즐거움을 느꼈죠. 사람들이 저를 쉽게 잊지 못하리라는 점을 알았기 때문이에요. 누구든 저를 주목하고 관심을 가지리란 점을 알고 있었어요.

존(의사)

저는 평생 동안 무대 위에 서 있는 느낌을 받았습니다. 저는 항상 청중을 의식합니다. 환자와 상담할 때는 그 환자가 저를 지금까지 본 의사 중에 최고의 의사로 여겨주기를 원합니다. 의과대학에서 학생들을 가르칠 때면 그들이 나를 지금까지 만나본 교육자 중에 최고의 의학 교육자로 생각하길 바랍니다. 올해의 교육자상을 노리고 있기도 합니다. 상사는 제게 최고의 청중입니다. 상사를 실망시키는 것은 죽기보다 싫습니다. 제 자부심의 일부가 다른 사람 손에 달려 있다고 생각하면 겁나지만 한편으로는 이것이 저를 바짝 긴장시킵니다.

존재감 테마 실행 아이디어

■ 스스로 업무와 활동을 결정할 수 있는 직업 또는 업무를 선택하는 것이 좋다. 존재감 테마는 독립성을 즐기는 편이다.

■ 당신에게는 평판이 중요하므로 마땅히 해야 할 것을 결정하고 아주 소소한 부분까지 신경을 쓰는 것이 좋다. 당신의 신뢰성을 돋보이게 해줄 직함을 추가하거나 당신을 알릴 수 있는 기사를 쓰거나 당신의 성취를 칭찬해줄 그룹 앞에 자발적으로 나서자.

■ 가족이나 가까운 친구 또는 동료와 당신의 꿈과 목표를 공유하자. 그들의 기대 덕분에 당신은 계속 노력할 수 있다.

■ 성과에 집중하자. 존재감 테마가 한층 더 높은 목표를 추구할 수 있도록 당신을 밀어붙일 것이다. 가시적인 목표를 달성하라. 그러지 않으면 사람들에게 허풍쟁이로 낙인 찍힐 수도 있다.

■ 존재감 테마의 소유자는 성과가 눈에 보이는 것일 때 최고의 성과를 낸다. 무대 중앙에 설 기회를 찾자. 후방을 지원하는 역할은 피하는 것이 좋다.

■ 당신은 중요한 팀이나 프로젝트를 이끌 때 최고의 기량을 펼친다. 이해관계가 클수록 동기 부여가 커진다. 상황이 위태로워지면 책임지는 역할을 맡겠다고 나서자.

■ 자신이 바라는 목표, 성과, 능력 등을 목록으로 만들어 매일 볼 수 있는 곳에 붙여놓자. 이 목록을 보면서 영감을 얻을 수 있다.

■ 인정을 받거나 칭찬을 받은 최고의 순간을 떠올려보자. 무엇 때문이었는가? 누가 칭찬해주었는가? 청중은 누구였는가? 그 순간을 재현하려면 무엇을 해야 하는가?

■ 자기 확신 테마가 부족할 경우 실패를 두려워할 수도 있음을 받아들여야 한다. 실패에 대한 두려움 때문에 탁월한 성과를 내겠다는 포부를 버려서는 안 된다. 그보다는 포부에 맞는 성과를 올리도록 노력해야 한다.

■ 당신은 다른 사람들이 당신을 어떻게 생각하는지 본능적으로 안다. 당신에게는 당신을 좋아해주기 바라는 특정 청중이 있을 수 있으며 그 사람들에게 인정을 받고 박수를 받기 위해 무엇이든지 할 것이다. 다른 사람의 인정에 의존하는 것은 문제가 될 수 있지만 자신의 인생에서 중요한 사람들이 자신을 좋아해주거나 존경

해주기를 원하는 것은 전혀 문제가 아니다.

존재감 테마가 강한 사람과 일하기

■ 재량껏 일을 하고 싶어하는 존재감 테마의 욕구를 인정해주자. 존재감 테마가 강한 사람은 이의를 제기받으면 반발할 수 있다.

■ 존재감 테마가 강한 사람은 자신의 기여가 의미 있는 방식으로 인정받을 때 성장한다. 이들에게는 운신할 공간을 주고, 절대로 무시해서는 안 된다.

■ 존재감 테마가 강한 사람에게 자신을 드러내고 이름을 떨칠 기회를 줘야 한다. 이들은 다른 사람들에게 주목 받는 긴장감을 즐긴다.

COMMAND
주도력

주도력 테마의 소유자는 일을 주도하며 이끈다. 다른 사람에게 의견을 강요하는 데 전혀 거리낌이 없다. 의견이 생기면 꼭 다른 사람들과 공유해야 한다. 그리고 일단 목표를 정하면 주위 사람들도 그 목표에 공감하게 만들어야 마음이 편하다.

당신은 갈등이나 대립을 두려워하지 않는다. 오히려 정면으로 부딪치는 것이 갈등 해결의 첫 단추를 꿰는 일임을 안다. 다른 사람들은 불편한 상황을 피할 수도 있지만 당신은 아무리 불편해도 사실과 진실을 보여줘야 한다고 생각한다.

당신은 사람들 간의 의사소통이 분명하고 정확해야 한다고 생각하며, 사람들에게 분명하고 솔직하게 표현할 것을 요구한다. 그들에게 위험을 무릅쓰도록 압력을 가하고, 때로는 상대방에게 위압감을 주기도 한다. 어떤 이들은 이를 못마땅하게 여겨 당신이 독선적이라고 불평하다가도, 대개는 기꺼이 당신에게 지휘권을 맡긴다. 사람들은 입장이 명확하고, 뚜렷한 방향을 제시하는 이들에게 끌린다. 그래서 이런 면을 가진 당신에게 끌린다. 당신은 사람들 사이에서 존재감이 있다. 당신에게는 주도력이 있다.

⋯⋯ 주도력 테마가 강한 사람들 ⋯⋯

말콤(접객 관리자)

제가 사람들에게 영향을 미칠 수 있는 이유는 솔직하기 때문입니다. 사실 사람들은 제가 처음에는 무서웠다고 말합니다. 함께 일한 지 1년이 지난 후 가끔 그 당시에 대해 함께 이야기하곤 하는데요. 직원들은 일을 시작할 당시 제가 무척 두려웠다고 고백했습니다. 이유를 묻자 저처럼 직설적으로 말하는 사람과는 처음 일해봤다고 대답하더군요. 저는 무슨 얘기든 말해야 한다고 생각하면 그냥 말해버리거든요.

릭(매장 총관리자)

회사에서는 웰빙 프로그램을 통해 일주일에 술을 3병 이하로 마시면 25달러를 지급하고, 담배를 끊으면 또 한 달에 25달러를 지급합니다. 그런데 어느 날 매장 관리자 한 명이 다시 담배를 피운다는 안 좋은 이야기가 들리더라고요. 매장 안에서 담배를 피우는 모습을 직원들에게 보이고도 25달러를 챙겨간다더군요. 도저히 가만히 있을 수 없는 상황이었어요. 비록 불편한 일이기는 했지만 곧장 그를 만나 분명하게 이야기했죠. "해고되기 싫으면 이제 그만하시죠"라고요. 원래는 좋은 사람인데 이런 일이 벌어지는 것을 알고도 마냥 방관만 할 수는 없잖아요.

다이앤(호스피스)

저는 나서는 걸 좋아하진 않지만 책임 있는 역할은 잘 맡는 편이에요. 임종을 앞둔 환자의 방에 들어가서 그냥 가만히 있을 수는 없잖아요. 환자의 가족들도 누군가 나서서 도와주길 바라고요. 그들은 현재 상황을 두려워하기도 하고 현실을 부정하려고도 해요. 앞으로 어떤 일이 일어날지, 무엇을 예상해야 할지 누군가가 알려줘야 합니다. 분명 유쾌한 일은 아니지만 결국에는 모두 괜찮아질 거라고 말해줄 사람이 필요합니다. 분명하고 정직하게 말해줄 사람이 필요하고 제가 그 역할을 하는 거예요.

주도력 테마 실행 아이디어

■ 주도력 테마의 소유자는 항상 맞설 준비가 되어 있다. 어떤 상황에서도 맞설 수 있는 능력을 실질적인 설득력으로 바꿔줄 표현, 어조, 기법을 연습하자.

■ 인간관계 속에서 민감한 주제에 대해 솔직하고 직설적으로 말할 기회를 잡자. 진실로부터 도망치지 않는 당신에게서 동료와 친구들은 힘을 얻고 신조를 유지할 수 있다. 솔직한 사람이라는 평판을 얻기 위해 노력하자.

■ 다른 사람들의 의견도 들어보자. 종종 당신의 솔직한 태도가 위협적으로 보여 당신이 보일 반응을 걱정하며 조심하는 사람도 있다. 이 점을 주의해야 한다. 필요하다면 솔직하게 행동하는 이유가 사람들에게 겁을 줘 조용히 시키려는 것이 아니라 그저 상황을 덮어두는 것이 너무나 불편하기 때문이라고 설명해주자.

■ 사교성 또는 공감 테마가 강한 사람과 파트너 관계를 맺는 것이 좋다. 모든 장애물에 정면으로 맞설 필요는 없다. 돌아가면 되는 장애물도 있다. 사교성이나 공감 테마의 소유자는 당신이 장애물

을 피하도록 도울 수 있다.

■ 선뜻 '책임을 떠맡는' 태도는 어려움에 처한 사람들을 안심시키고 진정시킨다. 어려운 상황에 처하게 될 경우, 주도력 테마를 발휘해 사람들의 두려움을 덜어주고 사람들에게 당신이 상황을 통제할 수 있다는 확신을 주자.

■ 주도력 테마의 소유자는 통솔권을 가지기 위해 다툴 수도 있다. 당신은 운전대를 잡는 것을 좋아하기 때문이다. 하지만 공식적으로 책임을 맡지 않아도 당신은 존재만으로도 다른 사람들에게 눈에 보이지 않는 강력한 힘을 낼 수 있다는 점을 기억하자.

■ 앞으로 나서서 난관을 극복하자. 그러면 다른 사람들이 당신의 타고난 결단력에 의지하여 일을 실행할 것이다. 당신이 장애물을 제거하면 추진력이 새로 생기면서 많은 사람들이 당신 없이는 얻지 못했을 성공에 도달할 것이다.

■ 위원회의 리더 역할을 맡아보자. 당신은 미래에 어떤 모습을 보고 싶은지에 대해 확고한 아이디어를 갖고 있으며 그룹이 당신을 따르도록 자연스럽게 영향을 미칠 수 있다. 당신은 새로운 계획을 진두지휘하는 일을 편안하게 느낀다.

- 다른 사람들을 설득해야 하는 역할을 찾아보자. 영업이 당신에게 적합한 직업인지 생각해보자.

- 믿고 지지할 대의를 찾자. 저항에도 불구하고 대의를 지킬 때 당신은 최고의 능력을 발휘할 것이다.

주도력 테마가 강한 사람과 일하기

- 주도력 테마가 강한 사람에게 조직의 상황을 평가 받아보자. 솔직하게 답할 것이다. 같은 맥락으로 그들에게 당신의 아이디어를 말해보자. 대충 맞장구치지 않을 것이다. 당신의 아이디어와 다른 생각을 들을 수 있다.

- 프로젝트를 진행하거나 사람들을 설득하는 일을 맡기자.

- 뒷일까지 100퍼센트 감당할 준비가 되어 있지 않다면 절대로 이들을 막아서지 말자.

지적사고 테마의 소유자는 생각하기를 좋아한다. 지적 활동을 좋아하며, 사고력을 여러 방향으로 확장함으로써 두뇌의 '힘'을 기르는 것을 즐긴다. 물론 지적 활동은 특정 부분에 집중되어 있을 수도 있다. 문제를 풀거나, 아이디어를 발전시키거나, 다른 사람의 감정을 이해하려고 할 수 있다. 정확히 어디에 집중하는지는 당신의 다른 강점에 따라 달라진다.

하지만 다른 한편으로는 지적 활동에 아무런 초점이 없을 수도 있다. 지적사고 테마 자체는 당신이 무엇에 대해 생각하는지 말해주지 않는다. 단지 생각하기를 좋아한다는 것을 말해줄 뿐이다.

혼자만의 시간을 가지며 깊이 생각하기를 즐기는 당신은 자기 성찰을 하는 사람이다. 어떤 면에서 당신의 가장 절친한 친구는 본인일 수도 있다. 자신에게 질문을 던지고 내면의 대화를 통해 답을 찾기 때문이다. 이런 자기 성찰은 마음에 품은 모든 생각과 아이디어를 실제 행동과 비교하기 때문에, 약간의 괴리감으로 이어지기도 한다. 자기 성찰은 그날의 일이나 나중에 나누려고 계획 중인 대화와 같이 보다 현실에 가까운 내용일 수도 있다. 어떤 내용이건, 이런 지적 활동은 당신과 늘 함께하는 삶의 일부다.

······ 지적사고 테마가 강한 사람들 ······

로렌(프로젝트 관리자)

사람들은 대부분 저를 아주 외향적이라고 생각하는 것 같아요. 제가 사람들을 좋아한다는 사실에는 동의합니다. 하지만 그들은 제가 사람들과 어울리기 위해 얼마나 많은 시간을 홀로 있어야 하는지 알게 된다면 놀랄 것입니다. 저는 정말로 혼자 있는 것을 사랑합니다. 고독이야말로 다른 여러 가지 것들로 흐트러진 생각을 한곳에 집중하도록 해줍니다. 고독 속에서 최고의 아이디어가 떠오릅니다. 제 아이디어는 점점 숙성되어야 합니다. 저는 어릴 적부터 이렇게 생각하고는 했죠. '아이디어가 숙성될 때까지 기다리자.' 그리고 지금도 그 생각을 실천하고 있어요.

마이클(마케팅 담당 임원)

이상한 일이지만 저는 주변에 소음이 있어야 해요. 그렇지 않으면 잘 집중하지 못하거든요. 제 머릿속이 무엇인가로 채워져 있지 않으면 생각이 사방으로 흩어져 아무것도 할 수 없습니다. TV를 켜놓거나 주변에 아이들이 뛰어 다녀서 머릿속이 채워지면 더 잘 집중할 수 있습니다. 다른 사람들은 이렇지 않다고 하더군요.

조지(공장 관리자 및 전 정치범)

감옥에 있을 때 벌로 독방에 감금되고는 했는데 저는 독방 감금을 다른 사람들처럼 싫어하지 않았어요. 다들 독방에 가면 외로울 것이라고 생각하겠지만 저는 그렇지 않았습니다. 그곳에서 혼자 제 인생을 돌아보고 제가 어떤 사람인지, 가족, 가치관 등 제게 가장 중요한 것이 무엇인지 되돌아보는 시간을 가질 수 있게 되었죠. 이상하게도 고독할 때 저는 외려 침착해지고 더욱 강해졌습니다.

지적사고 테마 실행 아이디어

■ 철학, 문학, 심리학 분야의 공부를 시작하거나, 이미 하고 있다면 꾸준히 계속하자. 당신은 항상 활발한 사고를 요하는 주제에 즐거움을 느낄 것이다.

■ 일기장이나 수첩에 아이디어를 적어보자. 아이디어는 당신의 머릿속 방앗간에서 빻을 수 있는 곡식과 같은 것으로 귀중한 통찰을 제시할 수도 있다.

■ 생각이 깊은 사람들과 가까이 지내자. 그들은 당신에게 본보기가 되어 생각에 집중할 수 있도록 영감을 줄 것이다.

■ 폐쇄적인 모습을 보이거나 홀로 시간을 보내면 사람들은 당신을 냉담한 사람 혹은 외톨이로 생각할 수 있다. 단지 생각하는 스타일이 그런 것일 뿐이며 관계에 소홀한 것이 아니라 관계에 최선을 다하기 위해 노력하는 모습이라는 점을 사람들에게 이해시키자.

■ 당신은 지적인 사고의 흐름과 그 결과를 예측할 시간이 있어야 최상의 성과를 거둘 수 있다. 프로젝트 및 계획의 실행 단계에서

끼어들지 말고 초기 단계에서부터 관여하자. 일이 한창 진행 중일 때 참여할 경우 당신은 이미 결정된 방향과 궤도를 바꾸게 될 위험이 있으며 통찰력을 발휘할 시기를 놓칠 수도 있다.

■ 다른 사람들을 지적이고 철학적인 논쟁에 참여시키는 것은 당신이 어떤 주제를 이해하는 한 가지 방식이다. 하지만 모두가 그런 것은 아니다. 당신처럼 논쟁하기를 좋아하는 사람에게나 그런 도발적인 질문을 던져보자. 그렇지 않은 사람에게 질문을 던질 때는 태도에 주의하자.

■ 생각은 당신에게 에너지를 주므로 생각할 시간도 미리 계획하는 것이 좋다. 이때를 사색하고 성찰하는 기회로 삼자.

■ 시간을 내서 글을 쓰면 좋다. 글쓰기는 생각을 구체화하고 종합하는 가장 좋은 방법이다.

■ 당신과 같은 주제를 두고 대화 나누기를 좋아하는 사람을 찾아보자. 당신이 관심을 갖고 있는 주제를 다루는 토론 그룹을 만들어보자.

■ 주변의 사람들을 향한 질문의 프레임을 다시 짜고 대화 참여를

유도하여 사람들이 각자의 지적 자산을 충분히 활용하도록 격려하자. 동시에 이런 대화를 겁내며 대화에 참여하기까지 생각할 시간이 필요한 사람들도 있다는 점을 기억하자.

지적사고 테마가 강한 사람과 일하기

■ 지적사고 테마가 강한 사람은 자신과 의견이 다른 사람에게도 위압감을 느끼지 않는다. 오히려 자신에게 관심이 있다는 표시로 받아들일 것이다.

■ 지적사고 테마가 강한 사람에게 책, 기사 또는 제안을 평가해달라고 부탁해보자. 즐겁게 받아들일 것이다.

■ 생각하는 과정을 통해 힘을 얻는 지적사고 테마의 특성을 활용하자. 예를 들어 무언가를 해야 하는 이유를 설명해야 한다면, 이들에게 이유를 곰곰히 생각해보고 설명에 살을 붙이는 데 도움을 달라고 부탁하자.

집중 테마의 소유자는 날마다 "나는 어디를 향하고 있는가?"라고 묻는다. 집중 테마를 가진 당신에게는 분명한 목적지가 필요하다. 분명한 목적지가 없으면 자신의 삶과 일에 금방 불만을 느낀다. 따라서 매년, 매월, 심지어는 매주마다 목표를 세워야 한다. 이런 목표는 나침반이 되어 우선순위를 정하고 필요한 경우 올바른 궤도로 돌아올 수 있도록 진로를 수정해준다.

집중 테마에는 강력한 힘이 있다. 어떤 특정 행위가 목표를 향해 나아가는 데 도움이 되는지를 본능적으로 판단할 수 있게 도와주기 때문이다. 도움이 되지 않는 행동은 무시한다. 따라서 집중 테마는 당신을 효율적으로 만든다. 이 테마의 이면에는 참을성이 부족한 부분도 있다. 당신은 시간이 지연되거나 장애물을 만날 때, 심지어는 조금이라도 옆길로 새는 경우에도 초조해한다. 아무리 흥미로운 것을 맞닥뜨려도 말이다. 이 때문에 당신은 팀에서 매우 귀중한 구성원이 된다. 다른 사람들이 샛길로 빠질 때, 당신은 이들을 다시 올바른 궤도로 돌아올 수 있게 한다.

집중 테마는 목적지를 향해 나아가는 데 도움이 되지 않는 것은 결국 중요하지 않으며, 중요하지 않다면 그 때문에 시간을 낭비할 필요가 없다는 것을 모든 사람들에게 일깨워준다. 당신은 그들이 샛길로 빠지지 않도록 도와줄 수 있다.

······ 집중 테마가 강한 사람들 ······

닉(컴퓨터 업체 임원)

저는 효율성이 중요하다고 생각해요. 골프 한 라운드를 2시간 30분이면 끝내는 성격이니까요. 일렉트로닉 데이터 시스템스에서 일할 때는 각 부서를 15분 안에 점검할 수 있도록 질문 리스트를 만들어 활용하곤 했죠. 하루를 15분짜리 회의로 채우는 저를 보고 회사 창립자인 로스 페로는 '치과 의사' 같다고 농담처럼 말씀하시더군요.

브래드(영업 총괄자)

저는 모든 일에 우선순위를 정해 목표를 달성할 수 있는 가장 효율적인 경로를 찾고, 낭비하거나 버리는 시간을 최소한으로 줄이려고 노력합니다. 예를 들어 제가 서비스 부서로 전화를 걸어서 업무를 처리해야 하는 고객과의 통화가 여러 건 있다면, 전화가 올 때마다 처리하는 것이 아니라 일과가 끝날 때쯤 비슷한 고객의 통화를 하나로 묶어서 처리하는 식이죠.

마이크(관리자)

사람들은 제가 항상 넓은 시야를 가지고 궤도를 유지하는 것을 보며 깊은 인상을 받곤 합니다. 주변 사람들이 장애물에 막혀 오도 가도 못하는 상황에 빠져 있으면 저는 그들이 목표에 초점을 다시 맞추고 목표를 향해 걸어가도록 독려합니다.

도리안(주부)

다른 사람과 대화하거나 일할 때뿐 아니라 남편과 쇼핑할 때도 저는 본론으로 바로 들어가는 걸 좋아해요. 남편은 옷을 사도 여러 벌을 입어보기를 좋아하지만 저는 한 벌을 입어보고, 마음에 든다면 너무 비싸지 않은 경우 바로 사버리죠.

집중 테마 실행 아이디어

■ 목표를 설정할 때는 일정과 측정법을 추가하자. 이를 통해 목표를 향해 확실히 나아가고 있음을 규칙적으로 확인할 수 있을 것이다.

■ 독자적으로 행동할 수 있는 역할을 찾아보자. 집중 테마가 지배적인 당신은 상사가 크게 개입하지 않아도 알아서 정해진 경로를 유지할 수 있다.

■ 집중 테마의 소유자는 다른 사람이 목표를 설정할 수 있도록 도울 때 자신의 진가를 가장 잘 발휘한다.

■ 회의가 끝나면 결정된 사항을 요약하고, 이를 바탕으로 행동을 취할 시기를 결정하자. 그리고 회의 구성원들이 다시 모일 날짜를 정하는 역할을 맡자.

■ 다른 사람들이 당신보다 덜 효율적으로 생각하고, 행동하고, 말하더라도 그들에게 관심을 기울여야 한다. 그들은 때로 멀리 돌아가면서 새로운 것을 발견하고 기쁨을 얻기도 한다.

■ 업무 외 영역에서도 목표를 세우자. 업무 목표를 달성하는 데만 지나치게 집중하고 있다는 생각이 든다면 개인 생활과 관련된 목표를 세우자. 이러한 목표는 개인적인 우선순위에 의미를 부여하고 결과적으로 삶의 균형을 맞추는 데 도움이 될 것이다.

■ 당신은 업무에 한번 몰두하면 시간 가는 줄 모른다. 그렇기 때문에 모든 활동을 계획하고 그 일정을 준수함으로써 전체 목표가 달성되고 모든 것이 우선순위에 따라 이행될 수 있도록 하자.

■ 잘 정의된 계획과 요구에 집중할 수 있을 때 당신은 최고의 역량을 발휘한다. 당신의 사명과 일치하지 않은 프로젝트나 작업은 거부하자. 그러면 가장 중요한 일에 집중할 수 있으며 다른 사람들도 당신에게 집중이 필요하다는 것을 이해할 수 있다.

■ 시간을 내어 열망하는 것을 문서로 작성한 다음, 자주 들여다보자. 이렇게 하면 삶을 잘 통제하고 있다는 느낌이 들 것이다.

■ 직장에서는 중단기적 목표를 상사에게 확실하게 알려야 한다. 그래야 상사가 당신에게 재량권을 부여해도 좋다는 확신을 가질 수 있다.

- 목표에 양과 질을 모두 반영하자. 목표가 온전하고 확실하면 집중 테마를 활용하여 탄탄하고 오래 지속되는 성공을 거둘 수 있다.

집중 테마가 강한 사람과 일하기

- 일정이 긴박한 프로젝트가 있다면 집중 테마가 강한 사람을 투입해야 한다. 집중 테마가 강한 사람은 일정과 약속을 본능적으로 중요하게 생각한다. 마감 시한이 있는 프로젝트를 맡기면, 프로젝트가 완료될 때까지 혼신의 힘을 다할 것이다.

- 집중 테마가 강한 사람은 체계를 좋아한다. 당연히 체계가 없는 회의를 싫어한다. 회의에 이들을 부른 경우에는 회의 안건에 집중하자.

- 집중 테마가 강한 사람은 다른 사람의 감정보다 일을 끝내는 것을 더 중요하게 생각한다. 이들이 다른 사람의 감정에 항상 민감하게 반응하리라 기대하지 말자.

RESPONSIBILITY
책임

책임 테마의 소유자인 당신은 하겠다고 한 것은 끝까지 책임진다. 큰일이든 작은 일이든 일단 약속한 것은 이행해야 한다고 생각한다. 당신은 자신의 평판이 여기에 달려 있다고 본다. 그리고 어떤 이유로든 책임을 이행하지 못하면, 자동적으로 상대방에게 보상할 방법을 찾기 시작한다. 사과로는 충분하지 않다고 느낀다. 변명하고 합리화하는 것은 절대로 용납할 수 없다. 만회하고 보상할 때까지 직성이 풀리지 않는다.

이러한 성실성, 일을 제대로 해야 한다는 강력한 의식, 완전무결한 윤리관 때문에 당신은 '절대적으로 믿을 수 있는 사람'이라는 평을 듣는다. 새로 임무를 맡길 때, 사람들은 제일 먼저 당신을 찾는다.

당신이 그것을 완수할 수 있는 적임자임을 알기 때문이다.

　가까운 미래에 당신에게 도움을 청하는 사람들이 있을 것이다. 누군가 도움을 청할 때에는 반드시 선별해서 책임을 맡아야 한다. 도와주고 싶은 마음에 이끌려 감당할 수 없을 만큼 너무 많은 일을 떠맡을 수도 있다.

······ 책임 테마가 강한 사람들 ······

켈리(운영 관리자)

　　　　스웨덴의 재고 담당 관리자가 11월에 제게 전화를 걸어 "켈리, 1월 1일까지 내 재고 항목을 출고하지 말아주시겠어요?"라고 요청했고 저는 "알겠습니다. 좋은 계획 같네요"라고 대답했습니다. 저는 직원들에게 이 사실을 전달했고 잘 처리되었다고 믿었습니다. 하지만 12월 31일 휴일이었어요. 스키 슬로프에서 스키를 즐기던 중 모든 것이 잘 돌아가고 있는지 메시지를 확인했는데 스웨덴의 재고 담당 관리자가 요청한 재고 항목이 이미 출고되어 송장까지 발행된 것을 알게 되었습니다. 바로 그에게 전화를 걸어 이 사실에 대해 말해주어야 했습니다. 그는 예의바른 사람이어서 육두문자를 늘어놓지는 않았지만 매우 화가 났고 크게 실망

했다는 점을 눈치 챌 수 있었습니다. 정말 끔찍한 기분이었죠. 사과로는 충분하지 않았고 문제를 조속히 해결해야 했습니다. 그 뒤로 바로 숙소로 돌아와 감독자에게 전화를 걸었고 그날 오후 그의 재고 항목값을 장부에 다시 올리고 기존 내역을 삭제하는 방법을 생각해냈습니다. 이를 해결하느라 주말을 보냈지만 마땅히 제가 해야 할 일이었죠. 다른 사람들은 제게 주말을 희생하면서까지 일해서 힘들었겠다고 했지만 저는 정말 괜찮았어요.

나이젤(영업 총괄자)

가끔 천장에 있는 자석이 제 손을 끌어당기는 것은 아닌지 생각하곤 했어요. 제 손이 마치 금속인 것처럼요. 왜냐하면 저는 모든 일에 손을 번쩍 들고 자발적으로 참여하거든요. 하지만 이런 식으로는 제가 할 일이 너무 많아질 뿐 아니라 잘못된 것은 모두 제 책임으로 돌아올 게 뻔해, 나서는 제 성향을 관리하는 방법을 배워야 했습니다. 지금은 제가 세상의 모든 일을 책임질 수는 없다는 사실을 깨달았습니다. 모든 일에 책임을 지는 것은 신의 몫이죠. 단지 전 제가 할 수 있는 선에서만 책임을 지려고 해요. 예전처럼 모든 걸 다 책임질 수 없다는 것을 깨달은 거죠.

해리(재취업 컨설턴트)

젊은 시절 한 은행 지점의 관리자였을 때 은행 사장이 저당물의 담보권을 행사하기로 결정했습니다. 저는 "좋은 생각이지만 우리는 고객의 재산 가치를 최대한 지킬 책임이 있습니다"라고 말했죠. 하지만 그는 다르게 생각했습니다. 그는 저당물을 자신의 친구에게 매각하기를 원했고 기업 윤리와 개인 윤리를 구분하지 못하는 것이 제 문제라고 말했습니다. 저는 제가 그 둘을 구분하지 못한다는 것에 동의했습니다. 저는 기업 윤리와 개인 윤리를 구분할 수 없었습니다. 이중 잣대를 적용하는 것은 용납될 수 없다고 믿기 때문이며 지금도 그 믿음은 유효합니다. 그래서 직장을 그만두었고 산의 쓰레기를 주우며 시간당 5달러를 버는 산림 서비스 일을 했습니다. 아내와 함께 두 아이를 양육하며 겨우겨우 살던 터라 저로서는 내리기 힘든 결정이었습니다. 하지만 돌이켜보면 어떤 면에서는 전혀 힘든 결정이 아니었어요. 저는 이중 잣대를 적용하는 조직에서는 절대 일할 수 없었거든요. 제 본성을 위배하고는 살 수 없었던 거죠.

책임 테마 실행 아이디어

- 취직을 위해 면접을 볼 때 얼마나 책임감이 있는지 강조하자. 면접을 볼 때는 프로젝트의 성공이나 실패에 전적으로 책임을 지겠다는 열의, 업무는 무슨 일이 있더라도 끝낼 것이라는 의지, 책임을 지키지 못하는 경우 '제대로 바로 잡겠다'는 당신의 성향을 설명하자.

- 감당할 수 있다면 다른 업무를 추가적으로 맡아도 좋다. 당신은 책임지고 일할 때 두각을 드러내므로 여러 가지 일도 효과적으로 진행할 수 있다.

- 당신처럼 책임 의식이 투철한 사람들과 함께 일하는 것이 좋다. 일을 완수하겠다는 의지를 가진 사람들과 함께 일할 때 성공적인 결과를 거둘 것이다.

- 당신은 책임 하에 일을 진행할 자유가 주어질 때 진가를 발휘하므로 프로젝트 진행 중에는 전적으로 맡겨두고 결과물만 확인해도 충분하다고 상사에게 말하자. 당신은 일을 완수하는 사람이므로 믿고 맡길 수 있다는 것을 주위에 알리자.

■ 거절하는 것도 책임지는 것임을 알아야 한다. 당신에게 책임감은 본능적인 것이어서 다른 사람의 제안이나 부탁을 거절하지 못한다. 바로 이러한 이유 때문에 더더욱 신중하게 책임질 일을 선택해야 한다. 더 많은 책임은 당신에게 가장 중요한 영역에 해당하는 경우에만 맡자.

■ 당신은 참여하는 모든 프로젝트에 대해 지극히 당연하게 주인의식을 갖는다. 그런 주인의식 때문에 다른 이들과 나눠야 할 책임을 혼자 짊어지지 말자. 다른 사람들도 주인의식을 가져야 한다. 그래야 그들도 조직의 성장과 발전에 기여할 수 있다.

■ 당신은 책임 테마를 관리하는 법을 배워야 한다. 자신이 특정 문제를 처리하는 데 적합한 인물인지 생각해보자. 다른 일을 더 책임지기 전에 이미 맡고 있는 책임과 목표를 살펴보자. 너무 많은 업무를 맡거나 상충되는 요구가 있다면 품질이 떨어질 수도 있다.

■ 체계나 집중 테마가 특히 강한 사람과 파트너 관계를 맺자. 이들은 당신이 정해진 궤도를 지키면서 과도한 부담을 지지 않도록 도와줄 것이다.

■ 생각이 비슷하고 책임감 있는 동료와 함께 일하면 만족할 수 있

다. 서로의 영역을 침범하지 않고 자신이 맡고 있는 업무에 대해 주인의식을 느낄 수 있도록 기대치와 경계를 분명하게 정하자.

■ 책임 테마의 소유자는 자신이 약속을 '지켰는지' 알고 싶어한다. 의무를 얼마나 효율적으로 충족했는지 측정할 수 있는 측정 기준과 목표를 세우자. 또한 수준 높은 결과에 관해 이견이 없고 약속한 대로 목표를 달성할 수 있도록 기대치를 명시적이고 구체적으로 정해두자.

책임 테마가 강한 사람과 일하기

■ 책임 테마가 강한 사람은 약속을 지키는 능력으로 자신의 존재를 정의한다. 책임감이 부족한 사람들과 일하게 되면 무척 짜증을 낼 것이다.

■ 이들은 속도를 내기 위해 품질을 희생해야 하는 상황을 싫어하므로 너무 몰아붙이지 말자. 업무 이야기를 할 때는 품질에 대해 먼저 말하는 것이 좋다.

■ 이들에게 체계 테마가 부족하다면 지나치게 많은 책임을 맡겨서
  는 안 된다. 책임질 일이 하나 늘어나서 결과적으로 모든 것을 포
  기해야 할 상황이 생길 수도 있다는 것을 알려주자. 이들은 그런
  상황을 몹시 싫어한다.

DISCIPLINE
체계

체계 테마의 소유자인 당신의 세계는 예측 가능해야 한다. 질서 정연하고 계획되어 있어야 한다. 그래서 당신은 본능적으로 일상을 체계화시킨다. 일과를 정하고, 스케줄과 마감 날짜 같은 시간 계획에 주력한다. 장기적인 과제 수행을 위해 구체적인 단기 계획을 세우고, 부지런히 각 계획을 실행한다.

당신이 항상 깔끔하고 단정한 것은 아니지만 무슨 일이든 정확하게 하려고 애쓴다. 본질적으로 혼란스러운 삶 속에서 상황을 통제하고 있다는 느낌을 원하기 때문이다. 정해진 일과, 스케줄, 체계는 모두 이러한 느낌을 갖는 데 도움이 된다. 다른 사람들은 체계가 필요한 당신의 이런 면을 싫어할 수도 있다. 하지만 이것이 갈등의 원인이 되어서는 안 된다. 모든 사람들이 당신처럼 예측이나 체계에 대한 욕구를 가지고 있는 것은 아니기 때문이다. 그들에게는 일을 수행하는 나름대로의 방법이 있다는 것을 이해해야 한다. 당신은 그들에게 체계가 왜 필요한지를 알려줄 수 있고, 심지어 이를 높이 평가하도록 인식을 바꿔줄 수 있다.

예측 못한 상황이 발생하는 것을 싫어하고 실수를 잘 참지 못하며 정해진 일과를 따르고 꼼꼼히 따지는 성향으로 인해 다른 사람들을 구속하는 억압적인 사람으로 오해 받을 필요는 없다. 이러한 성향은 인생의 수많은 유혹과 혼란 속에서도 계속 전진하고 생산성을 유지할 수 있게 해주는 당신만의 직관적인 비법이기 때문이다.

⸺ 체계 테마가 강한 사람들 ⸺

레스(접객 관리자)

제 경력의 터닝 포인트는 몇 년 전에 참석한 시간관리 강좌였어요. 항상 체계를 중시하며 살았지만 그 강좌를 통해 매일 체계 잡힌 절차로 저의 체계성을 발휘하는 능력을 키울 수 있었죠. 이 작은 전자수첩을 사용해 몇 달에 한 번씩 간신히 연락 드리던 어머니께 매주 전화로 안부를 묻는 일도 잊지 않고 있죠. 저는 직원들에게 월요일에 보고해야 하는 것을 말해두었는데 월요일에 보고가 안 되면 제가 전화한다는 걸 직원들은 알고 있습니다. 전자수첩은 제게 너무나 소중한 존재라 항상 가지고 다닐 수 있게 바지 뒷주머니를 전자수첩 사이즈에 맞춰 모두 수선해놓았답니다.

트로이(영업 총괄자)

제 서류철은 모양이 예쁘진 않지만 아주 효율적입니다. 고객이 서류철을 볼 일이 없기 때문에 모든 서류를 손으로 작성하는데, 굳이 시간을 들여 꾸밀 필요가 없죠. 영업인으로서 저는 항상 마감일과 후속 업무를 기준으로 일해왔습니다. 하지만 마감일과 후속 업무뿐만 아니라 고객과 동료에 대한 책임도 다하기 위해 서류철에 모든 것을 기록하고 있습니다. 만약 약속한 상대방이 시간에 맞춰 연락하지 않으면 저는 바로 이메일을 보냅니다. 누군가 이렇게 말하더군요. 트로이 씨는 정해진 시간에 연락을 받지 못하면 분명 전화하기 때문에 그냥 먼저 연락한다고요.

디드레(사무장)

저는 시간을 낭비하는 게 싫어서 해야 할 일을 목록으로 작성해둡니다. 오늘 할 일은 총 90개이고 그중에서 약 95퍼센트를 완료할 예정인데요. 시간 낭비하지 않도록 체계를 세운 겁니다.

체계 테마 실행 아이디어

■ 필요할 때마다 상황이 잘 돌아가는지 확인해도 좋다. 체계 테마의 소유자는 그렇게 하고 싶은 마음이 들 것이고, 다른 사람들도 당신이 그렇게 해주기를 기대할 것이다.

■ 체계 테마의 소유자는 실수를 저지르면 의기소침해질 수 있다는 사실을 받아들이자. 체계 테마의 핵심이 정확성이긴 하지만 후회스러운 실수 때문에 낙담하지 않기 위해서는 의기소침한 순간을 돌파하는 방법을 찾아야 한다.

■ 모든 사람이 체계적일 수는 없다. 어쩌면 당신은 사람들의 두서없는 방식 때문에 좌절감을 느꼈을 수도 있다. 그 너머의 것을 볼 수 있도록 그들의 방식이 아닌 결과에 초점을 맞추자.

■ 정밀성은 체계 테마의 장점이다. 당신은 자세히 살펴보는 것을 즐긴다. 계약서, 중요한 통신 내용 또는 재정 서류에 실수가 있는지 꼼꼼히 읽는 일에서 기회를 찾아보자. 당신은 자신과 다른 사람들이 중대한 실수를 범하거나 난처해지지 않도록 지켜줄 수 있다.

■ 체계 테마는 효율성을 향상시킨다. 체계 테마의 소유자는 완벽주의자다. 비효율성 때문에 시간이나 비용이 낭비되는 상황을 파악하고 효율성을 향상시킬 수 있는 체계나 절차를 마련하자.

■ 당신은 질서를 창출할 뿐 아니라, 그것이 잘 정리된 공간으로 구현되기를 간절히 바란다. 체계 테마를 완전히 만족시키기 위해 가구와 정리 시스템에 투자하여 모든 것이 질서 정연하고 제자리에 있는 공간을 만들어보자.

■ 타임라인은 당신에게 동기부여가 된다. 당신은 마쳐야 할 업무가 있을 때 스케줄을 짤 수 있도록 마감 날짜를 확인하길 원한다. 단계별 계획을 짜서 당신의 체계 테마를 적용해보자. 당신이 스케줄에 따라 움직이는 것이 다른 사람들에게는 타임라인에 대한 신호역할을 해주므로 사람들이 고마워할 것이다.

■ 다른 사람들은 체계 테마를 엄격함으로 오해할 수 있다. 체계 테마는 시간을 우선순위에 맞게 적절히 배정하여 효율적으로 움직이는 데 도움이 된다는 사실을 다른 사람에게 설명하자. 체계 테마가 당신만큼 강하지 않은 사람들과 일을 할 때에는 그들에게 마감 날짜를 분명히 말해달라고 요구하자. 또한 그들의 요청에 맞게 당신의 업무량을 조절하는 것도 좋다.

■ 체계화된 역할과 책임을 찾아보자.

■ 당신만의 절차를 만들어라. 시간이 지나면 사람들은 이런 종류의
예측 가능성을 고맙게 생각할 것이다.

체계 테마가 강한 사람과 일하기

■ 체계 테마가 강한 사람에게는 업무 마감 시간을 반드시 알려야
한다. 그들은 일정보다 앞서 일을 마쳐야 한다고 느끼지만 업무
종료일을 모르면 그렇게 할 수 없다.

■ 계획이나 우선순위를 갑자기 변경해서 혼란을 주어서는 안 된다.
체계 테마의 소유자는 예상외의 일이 일어나면 중압감을 느낀다.
그런 일이 생기면 이들은 하루를 망칠 수도 있다.

■ 체계 테마는 혼란스러운 상태를 견디지 못한다. 물리적으로 어질
러진 환경에서 오래 있을 수 없다.

MAXIMIZER
최상화

최상화 테마 소유자의 기준은 평균이 아니라 최상이다. 사실 평균 이하를 평균보다 약간 높은 수준으로 끌어올리는 것도 쉬운 일은 아니다. 하지만 당신은 이런 정도의 개선으로는 큰 보람을 느끼지 못한다. 우수한 수준을 최상의 수준으로 끌어올리는 데에 훨씬 큰 흥미를 느낀다.

당신은 강점에 매력을 느낀다. 그것이 자신의 강점이든 다른 이의 강점이든 말이다. 마치 진주를 찾는 잠수부처럼, 당신은 강점을 찾고 강점을 알리는 단서에 예의 주시한다. 배우지도 않았는데 탁월한 능력을 발휘한다든지, 배우는 속도가 유난히 빠르다든지 아니면 정식 단계를 밟지 않고도 어떤 기술에 통달한다든지 등이 강점을 드러내는 단서다. 그렇게 강점을 발견하고 나면, 이를 갈고닦아 최상의 수준으로 끌어올리고 싶어한다. 당신이 진주가 반짝일 때까지 닦고 또 닦는 사람이다. 강점을 찾고 선별하는 성향 때문에 다른 사람들은 당신이 차별한다고 생각할 수도 있다. 당신은 본인 특유의 강점을 알아주고 인정해주는 사람들과 어울리기를 좋아하기 때문이다.

당신은 자신의 강점을 발견하여 개발한 사람들에게 매력을 느끼는 반면, 부족한 점들을 고쳐서 당신을 평균적인 사람으로 만들려고 하는 사람들은 피한다. 자신의 부족한 점에 집착해서 평생 한탄하며 살고 싶지 않기 때문이다. 그보다는 스스로 타고난 재능을 적극 활용하고 싶어한다. 그 편이 훨씬 즐겁고 더 효율적이기 때문이다. 또한 예상과는 다르게 더 많은 노력과 땀이 필요한 길이기도 하다.

······ 최상화 테마가 강한 사람들 ······

개빈(승무원)

저는 10년 동안 에어로빅을 가르치면서 사람들에게 자신이 좋아하는 부분에 집중하라고 강조하고는 했습니다. 우리 모두는 바꾸고 싶거나 다르게 보이고 싶은 신체의 일부분이 있기 마련이지만 그런 부분에 초점을 맞추는 것은 매우 파괴적일 수 있습니다. 악순환을 불러올 수 있거든요. 그래서 저는 이렇게 말하곤 합니다. "그런 점에 집중할 필요가 없어요. 대신 자신이 좋아하는 부분에 집중해보세요. 그러면 기분 좋게 에너지를 쓸 수 있을 겁니다."

에이미(잡지 편집자)

저는 형편없는 글을 교정하는 일이 가장 싫습니다. 작가에게 분명한 주제를 제시했는데 주제에서 완전히 벗어난 글을 가져오면 코멘트를 적을 마음도 완전히 사라지죠. 그러면 다시 건네주면서 "다시 써오세요"라고 말합니다. 반면에 제가 원하는 바에 매우 가까운 글을 받으면 이를 보다 완벽하게 만들기 위해 즐겁게 일합니다. 작가에게 이곳에 적합한 단어를 써주고 여기는 좀 줄이는 것이 좋겠다고 주문하면 완벽한 '작품'이 되어 돌아옵니다.

마셜(마케팅 임원)

저는 직원들에게 포커스를 설정해주고 팀 정신을 길러서 모두 함께 나아가는 것을 매우 잘합니다. 하지만 전략적인 사고에는 그다지 뛰어나지 않습니다. 다행히 제 상사는 이 점을 잘 알고 있습니다. 우리는 수년째 함께 일하고 있습니다. 제 상사는 전략적 역할을 수행하는 사람들을 찾아냈고 동시에 제게는 포커스 설정과 팀 빌딩 역할을 맡겨 더 큰 역량을 발휘할 수 있게 이끌었습니다. 이런 사고방식을 지닌 상사를 뒀다는 게 제게는 행운이죠. 저는 안심하고 일을 훨씬 빠르게 추진할 수 있게 되었습니다. 제 상사는 제가 잘하는 것과 잘하지 못하는 것을 알고 있으며 잘하지 못하는 것 때문에 저를 힘들게 하지 않습니다.

최상화 테마 실행 아이디어

■ 사람들의 성공을 돕는 역할을 찾아보자. 코칭, 경영, 멘토링 혹은 가르치는 역할을 맡을 때 최상화 테마는 최고의 능력을 펼칠 수 있다. 최상화 테마의 소유자는 사람들에게 특별한 도움이 될 것이다. 사람들은 대개 자신이 가장 잘하는 것에 대해 설명하기를 어려워하므로, 이를 명확하게 설명하는 일부터 도와보자.

■ 당신과 다른 사람의 성과를 측정할 방법을 찾아보자. 강점을 파악하는 가장 좋은 방법은 뛰어난 성과를 지속적으로 유지하는지 확인하는 것이다.

■ 자신의 강점을 파악했다면 그 강점에 집중하라. 기술을 재정비하

고 새로운 지식을 습득하라. 그리고 연습하자. 몇 가지 영역에 집
중하여 강점을 개발하자.

- 업무 외 영역에 재능을 활용할 계획을 세우자. 이를 통해 자신의
  재능을 인생의 '미션' 또는 '사명'과 연관짓는 법과 가족 또는 지
  역사회에 이로움을 줄 수 있는 방법에 대해 고민해보자.

- 문제를 해결하려고 애쓰면 에너지와 열정이 고갈될 수 있다. 골
  치 아픈 문제를 해결해줄 수 있는 복구 테마가 강한 파트너를 찾
  아보자. 그에게 복구 테마가 당신의 성공에 얼마나 중요한지를 알
  려주자.

- 성공을 연구하라. 자신의 강점을 발견한 사람들과 시간을 보내자.
  강점들을 모아 개발하는 것이 성공으로 이어진다는 점을 확실히
  이해할수록 인생에서 성공을 경험할 가능성은 더 커진다.

- 약점을 고치기보다 지배적 재능을 강화하는 데 더 많은 시간을
  쓰는 이유를 다른 사람들에게 설명하자. 처음에는 사람들이 강점
  에 집중하는 당신의 태도를 현 상태에 안주하는 것으로 혼동할 수
  도 있다.

■ 문제를 찾아 해결해야 한다는 사회적 통념 때문에 최상화 테마를 억압해서는 안 된다. 당신이 일하고 있는 조직이나 지역사회에 시간과 노력을 투자하자. 두각을 보이는 영역을 개발하고 발전시키는 데 당신의 자원 대부분을 집중적으로 투자하자.

■ 장기적인 관계와 목표에 초점을 맞추자. 대부분의 사람은 가장 쉬운 작업이나 가장 쉽게 달성할 수 있는 목표에 집중하여 단기적인 성공을 거두는 데 그치지만 최상화 테마는 최고의 잠재력을 지속적인 탁월함으로 구현했을 때 가장 큰 활력을 얻고 효과를 거둔다.

■ 약점을 보완할 방법을 알아보자. 예를 들면 파트너를 찾거나, 지원 체계를 마련하거나, 상대적으로 강한 재능을 활용하여 약점을 보완하면 된다.

최상화 테마가 강한 사람과 일하기

■ 최상화 테마가 강한 사람은 지금보다 성과를 더 높이는 방법을

찾아내는 데 관심이 많다. 망가진 것을 고치는 데는 관심이 없다. 따라서 끊임없이 문제를 해결하는 역할은 맡기지 않는 것이 좋다. 대신 모범 사례를 파악하는 일을 맡겨보자.

■ 당신의 강점에 집중하는 사람이 주위에 없다면 최상화 테마가 강한 사람과 시간을 보내자. 이들은 천부적으로 탁월함을 갖추고 있고 호기심이 많으며 다른 사람의 역량을 더욱 갈고닦을 수 있게 도와줄 것이다.

■ 최상화 테마가 강한 사람은 다른 사람들이 자신의 강점을 이해해주고 그 강점 때문에 자신을 높이 평가해주길 원한다. 이들은 약점을 부각시키는 사람을 만나면 에너지를 잃는다.

COMMUNICATION
커뮤니케이션

커뮤니케이션 테마의 소유자는 설명하고, 묘사하고, 사회를 보고, 글을 쓰고, 대중 앞에서 이야기하는 것을 좋아한다. 건조한 아이디어, 정적이고 지나가버린 사건에도 당신은 생명력을 불어넣어 흥미진진하고 생생하게 만들고 싶어한다. 당신은 지나간 사건을 생생한 스토리로 만들어 맛깔나게 전달하기 위해 연습도 해본다. 당신은 건조한 '아이디어'에 이미지와 실제 사례 그리고 비유를 곁들여 생동감 있게 만든다.

당신은 사람들의 주의 집중 시간이 아주 짧다고 생각하기 때문에 많은 정보가 범람하지만 오래 기억되는 것은 거의 없다고 본다. 하지만 당신은 자신이 전달하는 정보가 사람들의 기억에 남기를 원한다. 아이디어, 사건 정보, 제품 정보 또는 발견한 사항이나 교훈 등을 두루 포함해서 말이다.

당신은 사람들이 당신만 주목하기를 원한다. 완벽한 표현을 찾기 위해 노력하고 극적인 단어와 힘 있는 단어를 조합하려고 애쓰는 것도 바로 이런 까닭 때문이다. 이 때문에 사람들은 당신이 하는 말에 귀 기울인다. 그림처럼 생생한 당신의 표현은 그들의 관심을 고조시키고, 생각을 선명하게 하며, 행동에 나서도록 고무시킨다.

······ 커뮤니케이션 테마가 강한 사람들 ······

쉴라(테마파크 총괄 관리자)

저는 사람들에게 제 의견을 분명하게 전달하기 위해 주로 이야기를 활용합니다. 어제 열린 이사회에서도 우리의 행동이 고객에게 큰 영향을 미칠 수 있다는 것을 설명하기 위해 다음과 같은 이야기를 준비했습니다. 재향군인의 날에 테마파크에서 국기 게양식을 진행했는데, 저희 직원 중 한 명이 아버님을 모시고 왔습니다. 제2차 세계대전에 참전하셨다가 장애인이 되었고, 지금은 희귀한 암에 걸려서 수술을 여러 번 받은 분이셨죠. 돌아가실 날이 얼마 안 남은 거예요. 행사가 시작될 때 직원 한 명이 모인 사람들에게 "오늘 이 자리에 제2차 세계대전에 참전한 용사 한 분이 참석하셨습니다. 모두 함께 이분을 위해 박수를 쳐주시겠습니까?" 라고 말하자 모두들 환호와 함께 큰 박수를 보냈고, 그 직원은 울음을 터뜨렸어요. 아버님은 모자를 벗으셨죠. 전쟁에서 생긴 흉터와 암 수술 자국 때문에 모자를 절대 벗지 않는 분인데, 애국가가 시작되자 모자를 벗고 고개를 숙이셨습니다. 나중에 그 직원이 말하길 그날 아버님께서 최근 몇 년 중 가장 멋진 하루를 보냈다고 하셨다더군요.

톰(은행 임원)

　　　　최근에 주식시장에서 인터넷 사업에 자금이 유입되는 것은 일시적 현상이라고 생각한다는 고객 한 분이 계셨습니다. 저는 합리적인 이유를 들어 그분의 마음을 돌리려고 노력했지만 설득이 되지를 않았습니다. 그래서 늘 하듯이 비유를 들어 말씀드렸죠. "지금 고객님은 해변에서 바다를 등지고 앉아 계신 것과 같습니다. 인터넷은 빠르게 불어나는 밀물과도 같아서 지금 당장은 마음이 편안할지 몰라도, 커다란 파도로 불어나고 있는 밀물이 곧 고객님의 온몸을 집어삼킬 것입니다"라고요. 그제야 감을 잡으시더군요.

마그렛(마케팅 이사)

언젠가 스피치에 관한 책을 한 권 읽었는데 '첫째, 자신이 정말로 관심이 있는 주제에 대해 이야기하고, 둘째, 항상 개인적인 예를 활용하라'는 두 가지 제안을 하더군요. 전 곧바로 실천했고 많은 이야기를 생각해냈죠. 제 곁의 자녀, 손주, 남편 모두 풍성한 이야기의 원천이 되니까요. 모두가 공감할 수 있도록 제 개인적인 경험이 바탕이 된 이야기들을 정리해두었어요.

커뮤니케이션 테마 실행 아이디어

■ 커뮤니케이션 테마의 소유자는 사람들의 시선을 끌어야 하는 역할을 언제나 잘해낼 것이다. 교육, 영업, 마케팅, 목회 또는 언론 분야의 직업을 선택하자. 커뮤니케이션 테마를 가진 당신은 이러한 부문에서 좋은 결과를 얻을 것이다.

■ 공감이 가는 이야기나 표현을 수집해보자. 예를 들어 감동적인 잡지 기사를 오려둔다거나 호소력 있는 표현을 적어두자. 혼자 있는 시간에 이런 이야기를 소리 내어 말하며 표현을 연습하여 듣기

좋게 다듬어보자.

■ 프레젠테이션을 할 때에는 청중의 반응을 잘 관찰해야 한다. 프레젠테이션의 각 부분에 대한 반응을 살피자. 특히 관심을 끄는 부분이 어디인지 알 수 있을 것이다. 프레젠테이션이 끝나면 청중이 특별히 관심을 보였던 순간을 기록해두자. 이 부분을 중심으로 다음 번 프레젠테이션을 준비하면 좋다.

■ 꾸준하게 이야기를 연습해야 한다. 즉석에서 하는 말은 특유의 호소력이 있지만 청중은 대개 자신이 어디로 가고 있는지 알고 있는 발표자에게 가장 크게 반응한다. 흔히 생각하는 것과 달리, 준비를 많이 할수록 즉석 스피치가 더 자연스러워 보인다.

■ 가장 도움이 되는 청중이 누구인지 파악해야 한다. 그들은 당신이 커뮤니케이션 기량을 최고로 발휘하는 데 도움이 될 것이다. 이러한 개인 또는 그룹과 이야기를 할 때 당신이 왜 그렇게 빛나는지 살펴보고 잠재적 파트너 및 청중 속에서 같은 특징을 가진 사람을 찾아보자.

■ 평소 사용하는 단어를 보다 멋지게 가다듬자. 이는 중요한 재산이다. 단어를 현명하게 사용하고 그 영향을 모니터링하라.

■ 커뮤니케이션 테마는 메시지 내용에 핵심을 담을 때 효과를 발휘한다. 재능으로만 머물지 말고 특정 분야의 지식과 전문성을 개발하여 커뮤니케이션 재능을 강점 수준으로 끌어올려라.

■ 당신은 동료들 간에 대화를 발전시키는 재능이 있다. 커뮤니케이션 테마를 활용하여 회의의 다양한 의견을 요약하고 다른 사람들이 공통적인 생각이 무엇인지 알 수 있도록 도와 합의를 이뤄내자.

■ 글쓰기를 즐긴다면 책을 내보는 것도 좋다. 공석에서 말하기를 즐긴다면 전문 회의 또는 컨벤션에서 프레젠테이션을 해보자. 어느 경우든 커뮤니케이션 테마는 아이디어를 정리하고 취지를 밝히는 적절한 방법을 찾는 데 도움이 될 것이다. 자신의 생각을 다른 사람들과 공유할 때 즐거움을 얻는 당신에게 가장 적합한 매체를 찾아보자.

■ 프레젠테이션을 할 기회가 있다면 자발적으로 나서자. 사람들은 당신을 생각과 포부를 매력적인 방식으로 표현하도록 도와주는 사람이라고 평가할 것이다.

커뮤니케이션 테마가 강한 사람과 일하기

■ 커뮤니케이션 테마가 강한 사람은 대화를 이끌어가는 것이 어렵지 않다. 기존 고객 또는 가망 고객을 접대해야 하는 친목 모임, 저녁 식사 등의 행사에 초대해보자.

■ 이들의 인생과 경험에 대한 이야기를 듣는 데 시간을 투자해보자. 그들은 신이 나서 이야기할 것이며, 당신은 재미있게 들을 것이다. 또한 이 덕분에 관계가 더욱 돈독해질 것이다.

■ 조직의 사교 행사에 대한 계획을 이들과 상의하면 좋다. 여흥은 물론 행사에서 전달해야 하는 내용에 대해서도 좋은 아이디어를 제시할 것이다.

INCLUDER
포용

포용 테마의 소유자는 원을 더 넓히는 것을 인생 철학으로 삼고 있다. 당신은 사람들을 포용해서 그들이 집단의 일원이라 느끼게 해 주고 싶어한다. 어떤 사람들은 특정인을 위한 그룹에만 관심을 갖지만 당신은 사람들을 배제하는 그룹은 되도록 피한다. 당신은 최대한 많은 사람들이 집단이 주는 혜택을 누릴 수 있도록 집단의 반경을 확장하길 원한다. 당신은 누군가가 소외되어 있는 것을 정말 싫어한다. 집단 속에서 따뜻함을 느낄 수 있게 그들을 안으로 들이기를 원한다.

당신은 천성적으로 마음이 넓고 포용적인 사람이다. 인종, 성별, 국적, 성격 또는 종교 등으로 사람을 판단하는 경우는 거의 없다. 선입관은 상대의 마음을 다치게 할 수 있기 때문이다. 따라서 당신은 섣불리 사람을 판단하지 않는다.

당신의 너그러운 성향은 '우리 모두는 다르며 서로의 차이점을 존중해야 한다'가 아니라 '우리 모두는 근본적으로 똑같다'는 신념에 기초하고 있다. 우리는 모두 똑같이 중요하다. 어느 누구도 소외되어서는 안 되고, 한 사람 한 사람 모두 포용해야 한다. 이것은 우리 모두가 누려야 할 최소한의 권리다.

······ 포용 테마가 강한 사람들 ······

해리(재취업 컨설턴트)

저는 어릴 때 수줍음을 많이 탔지만 항상 다른 아이들에게 같이 놀자고 먼저 말했습니다. 학교에서 팀을 선택하거나 편을 나눌 때 누구도 무리에서 빠지는 것을 원하지 않았어요. 열살, 열한 살 무렵이었을 때 같은 교회에 다니지 않는 한 친구가 있었던 게 기억나요. 어느 날 밤 교회 성찬 예배에 참여하던 중이었는데 그 친구가 문가에 서 있는 게 보였어요. 청소년 활동이 그날 밤에 교회에서 열렸기 때문이었던 것 같아요. 저는 즉시 일어나서 그 친구를 제 가족이 있는 곳으로 데려와 같은 테이블에 앉혔습니다.

제러미(변호사)

이 일을 처음 시작하고 사람들을 만나면 단 하루 만에 그들과 친구가 되어버렸어요. 새로운 친구에게 많은 문제가 있다는 것을 나중에야 알게 되지만 이미 그들을 제 디너파티에 초대하고, 제 관계망 안으로 들인 후였죠. 파트너인 마크는 "이 사람을 초대한 정확한 이유가 뭐지?"라고 물어요. 그러면 제가 그를 만났을 때 무엇이 나를 도발했고, 그의 어떤 점 때문에 내가 즐거워했는지 파악해서 마크를 거기에 집중시킵니다. 왜냐하면 저는 한번 인연을 맺은 사람은 절대 버리지 않거든요.

자일스(기업 교육 담당자)

누군가가 그룹 토론에 몰입하지 못하면 저는 그것을 감지할 수 있어요. 그럴 때면 즉시 그가 토론에 몰입하도록 유도하죠. 지난주, 업무 평가에 대해 장시간 토론을 했는데 한 여성이 한마디도 없었어요. 그래서 그녀에게 "모니카, 당신도 업무 평가를 받은 적이 있죠. 어땠는지 말해주겠어요?"라고 물었습니다. 전 이런 방식이 교육 담당자인 제게 도움이 되어왔다고 굳게 믿어요. 왜냐하면 어떤 주제에 대한 답을 모를 때 제가 끌어들인 사람이 그 답을 제시해줄 때가 많았거든요.

포용 테마 실행 아이디어

■ 자신을 대변하지 못하는 사람을 위한 역할을 찾아보자. 포용 테마의 소유자는 그런 사람을 대변할 때 큰 만족을 얻는다.

■ 다양한 문화와 배경을 가진 사람들을 화합시킬 기회를 찾아보자. 당신은 이 영역의 리더가 될 수 있다.

■ 조직이나 그룹에 새로 들어온 사람이 있다면 다른 사람들과 친해질 수 있도록 도와주자. 당신은 사람들이 한 모임에 수용되고 참여하고 있다는 느낌을 갖게 만드는 데 능숙하다.

■ 당신은 엘리트주의를 싫어하기 때문에 자신에게 특권이나 권력이 있다고 생각하는 사람들과 충돌할 수 있다. 이들의 주장에 반박하는 대신 포용 테마를 활용하여 모든 사람이 공통점을 발견하고 자신들의 기여가 가치 있다고 느끼도록 도와주자.

■ 나쁜 소식을 전달해야 할 때 느끼는 내적 충돌을 인정해야 한다. 과도하게 사과하거나 전달하려는 메시지를 자꾸 약화시키게 되면 당신의 입장이 타당하다는 사실을 보다 잘 보여줄 수 있는 파

트너를 찾아보자.

■ 모든 사람이 사랑스럽거나 호감이 가는 것은 아니다. 사람들은 까다로운 사람을 외면하곤 하지만 당신은 모든 사람을 진정으로 배려하는 선천적인 능력이 있다. 문제가 있는 사람 때문에 더 이상 인내하기 힘들어질 때 당신이 중재할 수 있다는 것을 다른 사람에게 알려주자.

■ 사람들과 함께 일하고 교류할 수 있는 역할을 선택하자. 당신은 사람들이 자신을 중요하게 느끼게 만드는 일을 즐겁게 수행할 것이다.

■ 행동 또는 주도력 테마가 지배적인 사람과 파트너 관계를 맺자. 나쁜 소식을 전달할 때 당신을 도울 수 있다.

■ 사람들은 당신을 통해 관계를 구축하곤 한다. 당신은 정보 전달자다. 당신은 그룹 내의 모든 부분 및 모든 사람과 교류하고 그들이 서로 효과적으로 연결되도록 유지하는 능력이 있다.

■ 모두가 가진 공통점을 설명해주자. 서로의 차이점(다양성)을 존중하기 위해서는 먼저 서로 공유하는 것(공통점)들을 이해하고 인정

해야 한다는 것을 남들도 이해할 수 있게 도와주자.

포용 테마가 강한 사람과 일하기

■ 단체 행사가 있을 때는 아무도 소외되지 않도록 포용 테마가 강한 사람에게 도와달라고 하자. 그들은 개인이나 단체가 소외감을 느끼지 않도록 노력할 것이다.

■ 활용하지 못하고 있는 잠재 고객, 시장, 또는 기회를 활용하는 일을 맡겨보자.

■ 사람과 친해지는 것이 어렵다면 포용 테마가 강한 사람에게 도움을 청하자. 그들은 사교 모임에서 당신이 대화에 참여할 수 있도록 도와줄 것이다.

ACTIVATOR
행동

"언제 시작할 수 있을까?"

행동 테마의 소유자는 이 질문을 자주 한다. 당신은 행동하고 싶어 못 견디는 사람이다. 당신은 때로 분석이 유용하고 토론과 논의가 가치 있는 통찰을 불러올 수 있다는 점을 인정은 한다. 하지만 오직 행동만이 실질적인 결과를 가져온다는 것을 내면 깊이 알고 있다. 모든 일은 행동이 있어야 실현된다. 오직 행동만이 성과를 가져온다. 일단 의사결정이 내려지면, 당신은 행동하지 않고는 못 배긴다. 다른 사람들이라면 "아직 모르는 부분이 있어"라며 주춤할 수도 있겠지만, 당신이 그러한 우려 때문에 주저하는 일은 없다. 가령 어디로 가야겠다고 결심하면, 당신은 목표지점까지 가는 가장 빠른 방법이 한 신호등에서 다음 신호등으로 하나하나씩 가는 것임을 안다. 당신은 모든 신호등이 한꺼번에 녹색불로 바뀌기를 앉아서 마냥 기다리지 않는다. 그뿐 아니라, 당신은 행동과 사고가 별개라고 생각하지 않는다.

행동 테마의 소유자는 행동이야말로 최선의 학습 방법이라고 믿는다. 당신은 결정하고, 행동하고, 그 결과를 보면서 배운다. 이런 과정에서 배운 것을 통해 다음에는 어떤 행동을 하고, 또 그다음에는 어떤 행동을 해야 할지 알게 된다. 당신은 이런 시행 과정이 없다면 성장은 불가능하다고 믿는다. 그래서 행동하기 위해 몸을 던진다. 반드시 다음 단계로 나아가야 한다. 이것만이 당신이 최신 정보를 가지고 신선한 사고를 할 수 있는 방법이다.

결론적으로 말하면 당신은 '무슨 말을 하고, 무슨 생각을 하느냐'에 따라 평가받는 것이 아니라 '무엇을 해내느냐'에 따라 평가받는다는 것을 명확히 안다. 당신은 이 점을 두렵게 여기기보다는 기쁘게 받아들인다.

제인(베네딕트회 수녀)

1970년대 수녀원 부원장을 맡고 있을 당시, 에너지 부족 사태로 물가가 급등했습니다. 수녀원은 140에이커(약 57만 제곱미터)나 되는 땅을 보유하고 있었는데 매일 여기를 걸으며 에너지 부족에 어떻게 대처해야 하는지 고민했습니다. 불현듯 이렇게 넓은 땅이 있으니 직접 가스를 채굴해야겠다는 결심을 하게 됐고 결국 해냈습니다. 가스정을 뚫기 위해 총 10만 달러를 투자했습니다. 당시의 저처럼 가스정을 시추해본 적이 없는 사람이라면 단순히 부지에 가스가 매장되어 있는지 알아보기 위해 구멍을 뚫는 데에만 7만 달러가 소요된다는 사실을 전혀 알지 못할 것입니다. 어쨌든 일종의 진동 카메라 같은 장비로 땅을 파내려 간 끝에 매장된 가스를 발견했습니다. 하지만 가스 매장량이 얼마나 되며 이를 끌어올릴 만한 압력이 충분한지도 알지 못했습니다. 업체 측에서는 3만 달러를 더 지불하면 가스정에서 가스를 추출해보겠다고 했습니다. 원하지 않는다면 가스정을 덮고 7만 달러만 들고 돌아가겠다는 그들의 말에 결국 나머지 3만 달러를 지불했고 다행히 가스 추출에 성공했습니다. 20년 전의 일이었고 가스는 아직도 나오고 있습니다.

짐(사업가)

제 조급한 성격 때문에 잠재된 위험을 알려줘도 귀 기울이지 않을 것이라 생각하는 사람들이 있습니다. 그래서 저는 위험이 발생할 시점과 그로 인해 예상되는 피해 규모를 알려달라고 항상 이야기합니다. 제가 위험을 무릅쓰기로 선택한다 해도 다들 각자의 몫을 했으니 걱정할 필요는 없습니다. 저는 제가 직접 경험해봐야 직성이 풀리는 사람일 뿐입니다.

행동 테마 실행 아이디어

■ 스스로 결정을 내리고 그 결정에 따라 행동할 수 있는 일을 찾자. 특히 처음 시작하거나 전환기를 맞은 상황을 찾으면 좋다.

■ 직장에서는 상사가 과정이 아닌 측정할 수 있는 결과로 당신을 판단하도록 유도하라. 행동 테마의 소유자에게 과정은 항상 보기 좋은 것만은 아니다.

■ 행동 테마는 혁신적인 아이디어를 즉시 실행으로 옮길 수 있다.

창의적이고 독창적인 아이디어를 개념적인 이론에서 구체적인 실천으로 옮길 수 있게 도와주자.

- 교착 상태에 빠져 있거나 장벽에 막혀 있는 분야를 찾자. 일을 진행하고 다른 사람들이 실행에 옮길 수 있게 박차를 가하는 계획을 세워 교착 상태를 타개하자.

- 행동 테마는 이론적인 논의보다는 실제 경험에서 더 많은 것을 배운다. 재능, 기술 및 지식을 테스트하고 성장시킬 수 있는 업무를 경험해보는 것이 좋다. 특히 업무가 까다로울수록 당신은 더욱더 성장할 것이다.

- 당신의 끈질긴 근성은 강력한 힘을 갖지만 거기에 위압감을 느끼는 사람도 있다. 당신은 다른 사람의 신뢰와 충성심을 얻었을 때 비로소 가장 큰 성과를 거둘 수 있음을 명심해야 한다.

- 조직에서 가장 영향력이 있는 의사 결정권자를 파악하라. 적어도 분기에 한 번은 그들과 점심 식사를 하며 당신의 아이디어를 공유하자. 그들은 당신의 활동성을 지원하고 아이디어를 실현할 중요한 자원을 제공할 것이다.

■ 행동 테마의 소유자는 다른 사람의 계획과 아이디어에 활력을 준다. 행동 능력을 이끌어주고 계획해줄 집중력이 있거나, 미래지향적이거나, 전략적이거나, 분석적인 사람들과 파트너 관계를 맺자. 그들은 다른 사람들이 당신의 계획을 지원할 수 있게 기회를 만들어줄 것이다.

■ 행동을 촉구하는 이유를 설명하라. 그러지 않으면 '일단 하고 보는 성급한 사람'이라는 꼬리표가 붙을 수도 있다.

■ 당신에게는 다른 사람도 행동으로 옮기고 추진력을 갖게 하는 능력이 있다. 행동 테마를 사용할 때는 전략적이고 현명하게 대처해야 한다. 당신의 영향력을 발휘할 가장 좋은 시기, 최적의 장소 그리고 최적의 사람은 누구인지 자세히 살펴야 한다.

행동 테마가 강한 사람과 일하기

■ 행동 테마가 강한 사람에게 그들이 목표한 바를 실현시킬 인재라는 사실을 당신이 알고 있으며, 중요한 시점에 도움을 요청할 것

이라고 말해주자. 그들은 당신의 기대를 느끼고 힘을 낼 것이다.

■ 행동 테마가 강한 사람이 불만을 표시할 때는 주의 깊게 들어야
한다. 새로운 사실을 알게 될 것이다. 그러고 나서 그들이 주도할
수 있는 새로운 계획이나 실현할 수 있는 새로운 개선 사항에 대
해 이야기하여 당신의 편으로 만들라. 이 과정은 즉각적으로 이
루어져야 한다. 그대로 내버려둘 경우 마음이 틀어져서 순식간에
부정적인 분위기를 조성할 수 있다.

■ 팀이 달성해야 하는 새로운 목표 또는 개선 사항에 대한 의견을
요청하자. 그다음 목표를 달성하려면 어떻게 해야 하는지 함께 논
의하자.

HARMONY
화합

화합 테마의 소유자는 사람들이 서로 동의하는 부분을 찾는다. 당신은 갈등과 충돌에서 얻을 것이 없다고 생각하기 때문에 그것을 최소한으로 줄이려고 한다. 주위 사람들의 견해가 서로 다르다는 것을 알게 될 때, 당신은 공통점을 찾으려고 노력한다. 그들이 갈등에서 벗어나 화합을 이룰 수 있도록 노력한다.

사실 화합은 당신의 중심 가치 가운데 하나다. 당신은 사람들이 자신의 견해를 타인에게 강요하는 데 너무도 많은 시간을 낭비한다고 생각한다. 자신의 의견이나 주장을 자제하는 대신 서로가 공통으로 동의하고 지지하는 부분을 찾는다면 우리 모두 훨씬 더 높은 생산성을 올릴 수 있다고 생각한다. 당신은 그럴 것이라고 믿으며, 또

그러한 신념을 실천한다. 사람들이 자신의 목표, 주장과 입장을 소리 높여 주장할 때, 당신은 침묵을 지킨다. 사람들이 단호하게 특정 방향으로 나아갈 때 그들의 기본 가치가 당신의 기본 가치와 충돌하지 않는 한, 화합을 위해 자신의 목표를 다른 사람들의 목표에 맞춰 기꺼이 수정한다. 사람들이 자신의 지론이나 특별히 관심을 갖는 개념에 대해 논쟁하기 시작하면, 당신은 논쟁을 피해 모두가 함께 공감할 수 있는 현실적이고 실용적인 문제에 대해 이야기하려고 한다.

당신은 우리 모두가 한 배를 타고 있고, 이 배를 우리가 가려는 곳에 이르도록 해야 한다고 생각한다. 이 배는 나무랄 데가 없다. 그렇기에 단지 우리 능력을 과시하기 위해 배를 흔들어댈 필요는 없는 것이다.

······ 화합 테마가 강한 사람들 ······

제인(베네딕트회 수녀)

저는 사람을 좋아해요. 관계를 조율하는 데 능숙해서 사람들과 쉽게 친해지죠. 저는 제가 속한 곳에 잘 맞추기 때문에 쉽게 짜증내지 않아요.

척(교사)

　　저는 교실에서 학생들 사이에 갈등이 일어나는 것을 원하지 않지만 그런 상황이 발생하면 즉시 중단시키기보다는 자연스럽게 흘러가도록 두는 방법을 배웠어요. 처음 교사 일을 시작했을 때는 학생이 부정적인 말을 하면 "이런, 그렇게 말할 필요는 없지 않니?"라면서 즉시 고쳐줬어요. 하지만 지금은 학생들의 의견을 받아들이고 같은 주제에 대해서도 서로 관점이 다를 수 있다는 점을 이해해요.

톰(기술자)

　　열 살인가 열한 살 때인가, 반 아이들 몇 명이 말싸움을 벌이던 모습이 지금도 생생하게 기억나요. 어떤 이유인지 몰라도 아이들 틈으로 들어가 서로 합의점을 찾게 도와야 한다는 생각이 들었어요. 그렇게 어린 시절부터 제게는 중재자 기질이 있었던 거죠.

화합 테마 실행 아이디어

■ 화합 테마를 사용하여 관점이 다른 사람들과 네트워크를 구축하자. 그리고 전문 지식이 필요할 때 이들에게 도움을 요청하자. 다른 관점을 포용하는 당신의 열린 마음은 새로운 것을 배울 때에도 도움이 된다.

■ 두 사람이 논쟁을 벌이고 있을 때는 그룹 내 다른 사람들에게 의견을 달라고 요청하자. 대화에 참여하는 사람들이 늘어나면 모든 당사자가 동의하는 부분을 발견할 가능성이 높아진다. 당신에게는 사람들을 한데 모으는 능력이 있다.

■ 매일 사람들을 만나야 하는 역할은 피하는 것이 좋다. 예를 들어 전화 접촉 또는 방문 방식의 영업직이나 경쟁이 심한 직장은 당신을 좌절시킬 것이다.

■ 대립하지 않고 갈등을 해결하는 법을 알아야 한다. 그러지 않으면 화합 테마는 갈등을 회피하기에 급급하여 해결은 못할 수도 있다. 그러다 결국 수동적 공격성을 지닌 행동을 하게 될 수 있다.

■ 주도력이나 행동 테마가 특히 강한 사람과 파트너 관계를 맺자. 갈등을 해소하려는 모든 노력이 수포로 돌아갔을 때 갈등 상황을 정면 돌파하도록 도와줄 것이다.

■ 사람들의 의견을 진심으로 경청하는 교류와 포럼의 기회를 마련해보자. 이를 통해 당신은 다른 사람들이 그룹 프로젝트와 활동에 더 몰입하도록 도울 수 있다.

■ 모든 사람이 차례대로 이야기할 수 있는 화합의 장을 마련하려는 당신의 시도가 실제로는 어떤 사람들과 불화를 빚을 수 있다는 점을 알아야 한다. 예를 들어 성취 테마가 특별히 강한 사람은 얼른 결정을 내리고 실천하고 싶어서 안절부절못할 수 있다. 경청의 가치에 대해 간결하면서도 효과적으로 알릴 수 있는 방법을 익혀두자.

■ 누군가는 화합을 이루려는 당신의 노력을 이용할 수도 있다. 경우에 따라 모든 사람이 말할 기회를 갖게 되면 어떤 사람들은 자신의 입장만을 표명하거나, 당면 과제와 거의 관련이 없는 논쟁을 벌이며 시간을 낭비할 수 있다. 이때는 주저하지 말고 개입하여 실질적인 문제로 대화의 방향을 돌려야 한다. 경청과 효율성 사이에서 균형을 유지하는 것이 화합의 열쇠다.

- 논의 중에는 문제의 실질적인 측면에 주목해야 한다. 다른 사람들이 그 실질적인 측면을 볼 수 있도록 도와주자. 그것이 합의의 출발점이 될 수 있다.

- 화합 테마의 소유자에게 존중은 자연스러운 일이다. 전문 지식이 더 뛰어난 사람이 있으면 당신은 쉽게 물러선다. 그럴 때는 자신보다 더 전문적인 사람을 초대하여 자문을 듣고 토론이나 협상의 다음 단계로 진행하자.

화합 테마가 강한 사람과 일하기

- 화합 테마가 강한 사람은 갈등 상황과 최대한 멀리 있어야 한다. 다른 사람과 마찰이 있으면 역량을 충분히 발휘하지 못한다. 갈등이 빚어질 회의에는 참석시키지 말자.

- 화합 테마가 강한 사람과 논쟁적인 주제를 놓고 토론하느라 시간을 낭비하지 말자. 이들은 논쟁 자체를 즐기지 않는 사람이다. 대신 분명한 조치를 취할 수 있는 실질적인 문제를 논의하는 데 초

점을 맞추자.

■ 화합 테마가 강한 사람은 다른 사람들이 의견 대립에서 벗어나지 못할 때 문제를 해결할 수 있다. 그들은 논쟁 중인 문제를 해결하거나 다른 합의점을 찾을 수 있게 도와줄 것이다. 사람들은 이러한 합의점을 출발점으로 삼아 다시 생산적으로 협력할 수 있다.

CONTEXT
회고

회고 테마의 소유자는 지난 일을 되돌아보는 사람이다. 당신이 과거를 돌이켜보는 것은 과거에 해답이 있기 때문이다. 당신이 과거를 돌이켜보는 것은 현재를 이해하기 위해서다. 회고 테마의 관점에서 볼 때, 현재는 시끄러운 목소리들로 혼란스럽고 불안정하다. 계획을 세웠던 시초로 돌아가 생각할 때 현재는 비로소 안정을 되찾는다.

처음에는 더욱 단순했다. 청사진이 만들어진 시기 말이다. 당신은 과거를 이해함으로써 이런 청사진을 볼 수 있고, 원래의 의도가 무엇이었는지를 깨닫는다. 지금까지 너무 많은 것이 가미되다 보니 원래의 청사진이나 의도는 거의 알아볼 수 없을 정도가 되었다. 회고 테마를 통하면 본래의 청사진과 의도를 볼 수 있다. 당신은 이러한 이해를 바탕으로 자신감을 갖게 된다. 근원적인 체계를 이해하기 때문에, 더 이상 혼란스러워하지 않고 더 현명한 의사결정을 내릴 수 있다. 대인관계에서도 동료들이 어떻게 지금의 모습에 이르렀는지 이해하기 때문에, 당신은 이들에게 더 좋은 동료가 되어줄 수 있다. 그리고 미래가 과거에 뿌리를 두고 있다는 것을 이해한 당신은 역설적이지만 과거를 이해함으로써 미래를 더욱 지혜롭게 내다볼 수 있다.

새로운 사람과 상황에 익숙해지려면 시간이 필요하다는 것을 받아들이자. 당신은 질문을 통해 과거의 청사진을 이해하도록 노력해야 한다. 왜냐하면 청사진을 보지 않으면 의사결정에 대한 자신감이 떨어지기 때문이다.

⋯⋯ 회고 테마가 강한 사람들 ⋯⋯

애덤(소프트웨어 설계자)

저는 항상 직원들에게 '뷰자데(vuja de : 전에 어떤 것을 무수히 보았으나, 그것을 맨 처음 보는 듯한 느낌)'를 피하자고 말합니다. 그러면 직원들은 데자뷰라고 해야 맞지 않냐고 반문합니다. 그러면 저는 "뷰자데는 과거의 실수를 되풀이하게 됨을 의미합니다. 이는 반드시 피해야 합니다. 과거를 돌아보고 실수의 원인이 무엇인지 깨달아 다시는 그런 일이 없도록 해야 합니다"라고 말합니다. 간단한 일인데도 사람들은 과거를 돌아보지 않고 과거의 실수에서 어떤 가치를 발견할 수 있는지 알지 못해요.

제시(미디어 분석가)

저는 다른 사람의 감정 상태를 파악하는 데 서툴러요. 대신 사람들을 과거와 연관지어 이해합니다. 사실 어디에서 자랐는지, 부모님이 어떤 분들인지, 대학에서 어떤 공부를 했는지 알기 전까진 그 사람을 이해하기가 어렵습니다.

그레그(경리부장)

최근 사무실에 새로운 회계 시스템을 도입했습니다. 이 작업을 완수할 수 있었던 단 하나의 이유는 제가 직원들의 역사를 존중했다는 것입니다. 그들이 구축했던 이전 회계 시스템은 그들의 피와 땀, 그리고 눈물이며 그들 자신입니다. 직원들은 이를 자신과 동일시하기도 합니다. 어느 날 갑자기 회계 시스템을 교체하겠다고 쉽게 말해버리는 것은 "당신의 아기를 데려가겠소"라고 말하는 것과 같죠. 저는 일종의 중압감을 가지고 그들의 연결고리와 지금까지의 역사를 존중해주었습니다. 그러지 않았다면 저는 조직에서 거부당했을 것입니다.

회고 테마 실행 아이디어

■ 프로젝트를 시작하기 전에 사람들이 과거에 수행했던 프로젝트를 연구해보도록 격려하자. "과거를 기억하지 못하는 사람은 과거를 반복하게 될 것이다"라는 말이 무슨 뜻인지 이해하도록 그들을 도와주자.

■ 다른 사람을 가르쳐야 한다면 사례 연구를 활용하여 수업을 준비하자. 당신은 과거에 대한 이해력으로 다른 사람들이 미래를 그리는 데 도움을 줄 수 있다.

■ 직장에서 전해지는 이야기들을 활용하여 조직 문화를 강화하자. 과거의 좋은 시절을 나타내는 이야기를 수집하거나, 조직의 역사적 전통을 만든 사람의 이름을 딴 상을 제정하자고 제안해보자.

■ 미래지향 또는 전략 테마가 강한 사람과 파트너 관계를 맺으면 좋다. 이들은 '가능성'을 무척 좋아하기 때문에 당신이 과거에 파묻히지 않게 구해줄 수 있고, 반대로 당신의 과거 맥락에 대한 심층적인 이해는 이들이 과거의 교훈을 무시하지 않도록 도와준다. 이들과 파트너십을 이룬다면 오래 지속되는 성과를 낼 수 있다.

■ 변화를 받아들이자. 회고 테마는 당신을 '과거'에 얽매이도록 만들기보다는 긍정적인 변화를 촉진하는 인물로 알려지도록 만들어줄 수 있다. 선천적으로 과거로부터의 맥락에 대한 지각력이 뛰어난 당신은 버릴 수 있는 과거와 지속 가능한 미래를 가져오기 위해 간직해야 하는 과거를 다른 사람들보다 더 명확하게 구별한다.

■ 이전 성공과의 비교를 통해 미래에 '무엇이 가능한지' 명확한 그림을 그려주자. 당신은 과거에 대한 설명을 통해 사람들의 신뢰와 감정적 몰입도를 키울 수 있다.

■ 당신은 미래 행동을 예측할 수 있는 가장 좋은 방법은 과거의 행동을 돌아보는 것임을 알고 있다. 친구 및 동료들이 현재 성공에 기여했던 행동에 대해 조사하는 방법으로 미래에도 현명한 선택을 내릴 수 있도록 도와주자. 이 방법은 그들이 전체적인 맥락에서 결정을 내리는 데 도움이 될 수 있다.

■ 역사 소설이나 실화, 전기를 읽자. 현재에 도움이 되는 많은 통찰을 얻을 수 있을 것이다. 또한 더욱 명확하게 사고할 수 있게 된다.

■ 과거의 사건과 상황을 현재 당신의 도전 과제와 비교해보자. 공통

점을 파악하면 새로운 관점이나 문제에 대한 해답을 찾을 수 있다.

- 역사의식을 가진 멘토를 찾자. 이들이 기억하는 것을 경청하면 당신은 더욱 활발하게 사고할 수 있을 것이다.

회고 테마가 강한 사람과 일하기

- 회의 때는 회고 테마가 강한 사람에게 과거에 있었던 일과 과거에 얻었던 교훈을 되짚어달라고 하자. 이들은 어떤 상황에서 그런 결정을 내렸는지를 사람들이 알아주길 바란다.

- 회고 테마가 강한 사람은 사례 연구의 관점에서 생각한다. '언제 비슷한 상황에 직면했는가? 그때는 어떻게 했는가? 결과는 어땠는가? 무엇을 배웠는가?' 이들은 실제 사례 등이 반드시 필요한 교육에서 능력을 최고로 끌어올릴 수 있다.

- 회고 테마가 강한 사람은 새로운 동료에게 소개할 때는 이야기 본론에 들어가기 전에 직접 자기 배경을 이야기할 수 있게 하자.

클리프턴 스트렝스의 역사

NOW,
DISCOVER
YOUR
STRENGTHS

"사람마다 자기에게 무엇이 잘 맞는지를 과학적으로 파악할 방법을 연구해보면 어떨까?" 약 60년 전 도널드 클리프턴 박사가 떠올린 이 간단한 생각에서 강점에 대한 세계적인 움직임이 시작됐다.

이 질문은 클리프턴에게 특히 개인적인 의미가 있었다. 제2차 세계대전 당시 B-24를 모는 공군 조종사였던 클리프턴은 어느 날, 자신의 수학적 능력을 시험할 기회를 만났다. 기상 상태가 좋지 않은 상황에서 아조레스 제도 상공을 날던 그의 기체가 항로를 이탈한 것이다. 그는 어떻게 하면 항로를 바로잡을 수 있을지 대충 짐작이 갔지만, 막상 계산해보니 자신의 직관이 빗나갔음을 깨달았다. 이 사건으로 그는 개인적인 직관보다는 과학을 신뢰하는 것이 중요하다는 사실을 배웠다.

클리프턴은 이후 스물다섯 번의 출격을 성공적으로 완수한 업적을 인정받아 공군 수훈 십자 훈장을 받았다. 제2차 세계대전이 끝난 후 고향으로 돌아온 그는 이제 전쟁과 파괴는 질리도록 경험했다고 느꼈다. 그래서 나머지 삶은 인류를 위해 무언가 긍정적인 일을 하면서 보내기로 했다. 그리고 이는 곧, 인간 발달에 대한 새로운 접근, 즉 사람마다 무엇이 잘 맞는지를 연구하는 일을 향한 관심으로 이어졌다.

"대학원에서 심리학을 공부하는 동안, 나는 그동안의 심리학 연구가 사람들에게 어떻게 하면 도움이 될지보다는, 사람들의 잘못된 점을 밝히는 데에 주력해왔다는 느낌을 받았다." 클리프턴은 이렇게 말했다. "그리고 사람들이 너무나도 자주, 자신이 가진 재능보다는 문제점이나 약점으로 묘사되곤 한다는 사실을 깨달았다. 이를 깨닫고 나니 성공한 사람들을 연구할 필요성을 느꼈다. 어떤 직업군에서든 사람들이 서로 다른 성과를 보이는 차이를 이해하려면 성공한 사람들을 연구해야 했다."

1949년, 클리프턴과 그의 동료들은 네브래스카대학교(University of Nebraska)에 네브래스카 인적자원 연구 재단(Nebraska Human Resources Research Foundation)을 설립했다. 이 재단은 학생들을 위한 사회봉사 활동과 함께, 대학원생들이 강점 심리학을 실습할 수 있는 실험실 역할도 했다. 클리프턴과 그의 학생들과 동료들은 우수한 학생, 즉 졸업할 때까지 끈기 있고 성실하게 노력하는 학생과 그러지 않은 학생들이 헌저히 다른 특징을 가지고 있다는 사실을 발견했다.

이 같은 발견은 다른 새로운 가설을 불러일으켰다. 클리프턴과 동료들은 성공적인 성과를 내는 학교 상담가, 교사, 영업사원, 관리자들을 연구하기 시작했다. 그 결과 특정 역할에서 성공한 사람들 간에 공통으로 나타나는 특징이 있다는 사실을 알아차렸다. 그는 이러한 경향을 두고 "생산적인 생각, 감정, 또는 행동 패턴이 자연스레 반복적으로 나타났다"고 설명했다.

클리프턴은 높은 성과를 내는 사람을 예측할 수 있는, 보편적이지만 현실성 있는 특징을 파악하려 했다. 또한 개인마다 고유하지만, 노력을 통해 강점으로 개발할 수 있는 성향에는 어떤 것들이 있는지 이해하고자 했다. 이 작업의 목적은 대화에 초점을 맞춤으로써 사람들이 자신의 정체성과 잠재력을 더 잘 이해할 수 있도록 하는 것이었다.

클리프턴은 고유한 조직 문화 내에서 특정 직무를 성공적으로 수행할 수 있는 사람을 예측하는 도구를 수백 가지 개발했다. 과학적으로 입증된 이 도구들을 이용하면, 특정 기업의 특정 직위에 가장 잘 맞는 재능이 무엇인지를 찾아낼 수 있었다.

그러나 클리프턴은 뭔가가 빠진 듯한 기분을 지울 수 없었다. 어떤 조직에 가장 적합한 재능을 파악하는 능력이 개인에게 언제나 도움이 되는 것은 아니기 때문이었다. 그래서 1990년대 중반, 클리프턴은 개인에게 도움이 되기 위해서, 사람들이 가진 특성을 파악하고 그러한 특성을 개발할 수 있는 체계를 진단하는 도구를 개발했다. 그리고 그러한 특성을 '강점'이라고 불렀다.

지금의 클리프턴 스트렝스를 개발하기까지, 도널드 클리프턴은 수많은 학자와 연구원들을 만났다. 그중에서도 가장 의미 있는 인연은 아마도 하버드대학교 심리학 교수인 필 스톤(Phil Stone)과의 만남일 것이다.

어릴 때부터 영재였던 스톤 박사는 15세에 시카고대학교(University of Chicago)에 입학해서 23세에 박사학위를 두 개나 취득했다. 이후 39년간 하버드대학교에서 심리학을 가르쳤으며, 사회과학을 향한 열정만큼이나 '인터넷'이라는 신문물의 지지자이기도 했다.

스톤 박사는 클리프턴 박사에게 두 가지를 조언했다. 앞으로 다가올 디지털 시대를 위해 온라인 진단 도구를 개발할 것, 그리고 리커트 척도(1~5점)나 선다형 문제와 같은 평정형(normative) 문항보다는 강제선택형(ipsative) 문항을 사용할 것을 추천했다. 강제선택형 문항은 사회적으로 바람직하게 여겨지는 결과 두 가지를 제공하면서 그중 하나를 선택하도록 한다. 이는 실제 생활에서도, 예를 들어 '체계적으로 정리한다'와 '분석한다'와 같이 긍정적인 선택지가 둘 이상 주어지는 경우가 많다는 가정에 기반을 둔 것이다. 강제선택형 문항은 평정형 문항에서 나타날 수 있는 사회적 선망 편향, 또는 '게이밍(gaming)'을 줄여주기 때문에 개인 내의 특성을 파악하는 데에 특히 유용하다.

지금의 클리프턴 스트렝스가 된 진단 도구가 처음 사용된 곳 중 하나는 하버드대학교로, 당시 심리학과 학생들은 강점 진단을 통해 자신의 재능 테마와 그에 대한 설명을 피드백받았다.

1997년, 클리프턴과 스톤은 '코너 오브 더 스카이(Corner of the Sky)'라는 워크북을 개발했고, 스톤은 자신의 심리학 수업에서 이를 활용했다. 이때부터 여러 대학교에서 강점 진단에 관심을 보이기 시작했고, 곧 긍정 심리학을 향한 움직임이 일어났다.

한편 서부에서는 UCLA 사회과학자 에드워드 '칩' 앤더슨(Edward 'Chip' Anderson)이 클리프턴의 작업에 관심을 보였다. 1998년, 클리프턴과 앤더슨은 UCLA 학생들을 위한 교양 과정으로 '강점에 올인하기'라는 수업을 개설했다. 이는 훗날 아주 획기적인 저서 《강점 탐구: 학업, 일, 그 외 모든 것에서 강점을 발견하고 개발하라 (StrengthsQuest: Discover and Develop Your Strengths in Academics, Career, and Beyond)》의 기초가 되었다.

클리프턴의 연구개발에 건설적인 비판을 아끼지 않았던 또 다른 이는 갤럽의 IT 전문가 존 콘라드(Jon Conradt)였다. 존은 진단 도구의 디지털 플랫폼 및 결과 계산 알고리즘을 개발하기 위해 클리프턴과 밀접하게 일했다. 그가 만든 초기 코드의 대부분이 아직도 지금의 클리프턴 스트렝스의 중추로 남아 있다.

클리프턴은 이 모든 연구를 통해 축적한 데이터베이스를 34가지의 강점 테마로 정리했고, 이것이 바로 스트렝스 파인더, 지금의 클리프턴 스트렝스가 되었다.

클리프턴의 작업은 파울라 넬슨(Paula Nelson)과 공동집필한《강점에 올인하라(Soar With Your Strengths)》를 비롯해서 톰 래스(Tom Rath)와 배리 콘치(Barry Conchie)가 함께 지은《유능한 리더의 세 가지 특징(Strengths Based Leadership)》, 클리프턴과 톰 래스가 함께 저술한《이 컵에 물이 얼마나 남았는가?(How Full Is Your Bucket?)》, 톰 매트슨(Tom Matson)이 집필한《학생들을 위한 클리프턴 스트렝스(ClingtonStrengths for Students)》, 그리고 경영 부문의 역대 최고 베스트셀러 중 하나인 톰 래스가 지은《위대한 나의 발견 강점혁명(StrengthsFinder 2.0)》등 전 세계 독자들이 사랑하는 책에 많은 영감을 주었다.

생의 말년에 클리프턴은 미국심리학회에서 강점 심리학의 아버지로 선정되는 영광을 누리기도 했다.

제2차 세계대전 이후 클리프턴 박사의 사명은 인간 발달에 중대한 공헌을 하는 것이었다. 이 글을 쓰는 시점을 기준으로, 현재 2,100만 명이 넘는 사람들이 클리프턴 스트렝스로 자신의 강점을 발견했다. 도널드 클리프턴은 지금, 우리가 사는 세상을 바꾸고 있다.

갤럽 소개

갤럽은 분석, 자문, 교육을 통해 조직이 안고 있는 가장 큰 문제들을 해소할 수 있도록 세계 각국의 리더를 돕는 글로벌 기업이다. 갤럽은 직원, 고객, 학생, 시민들의 소망을 그 누구보다도 잘 이해하고 있으며, 이를 토대로 다양한 분야에서 다음과 같은 솔루션, 혁신, 서비스를 제공한다.

- 조직 문화 변경
- 리더십 개발
- 관리자 개발
- 강점 기반의 코칭 및 문화
- 조직 성장을 위한 전략
- '보스가 아닌 코치로 변화하기Boss-to-coach' 소프트웨어 도구
- 유능한 팀원의 마음을 사로잡는 법
- 직무 승계 계획
- 실적 관리 시스템 및 평가
- 실적 평가 지표 개선
- 결함 및 안전상 위험 요소 줄이기
- 내부 프로그램 평가
- 직원 몰입도 및 직원 경험
- 예측 채용 진단
- 퇴사율 예측
- 고객 경험 개선(B2B)
- 다양성과 포용성
- 복지 계획

갤럽에 대해 더 많이 알고 싶다면 https://www.gallup.com/contact을 통해 연락할 수 있다. 갤럽 프레스는 세계 70억 인구를 지도하고, 관리하고, 이끄는 사람에게 유용하고 교육적인 정보를 제공하기 위해 존재한다. 갤럽 프레스에서 출판하는 모든 책은 갤럽이 요구하는 수준의 진실성, 신뢰성, 자주성을 충족하며, 갤럽이 인정하는 과학 및 연구자료를 기반으로 한다.

NOW
DISCOVER
YOUR
STRENGTHS

위대한 나의 발견★강점혁명

초판   1쇄 발행   2002년 8월 10일
초판   103쇄 발행   2017년 3월 17일
개정2판   1쇄 발행   2021년 7월 19일
개정2판 13쇄 발행   2024년 8월 14일

지은이 갤럽 프레스
옮긴이 갤럽 프레스
펴낸이 고병욱

펴낸곳 청림출판(주)
등록 제2023-000081호

본사 04799 서울시 성동구 아차산로17길 49 1009, 1010호 청림출판(주)
제2사옥 10881 경기도 파주시 회동길 173 청림아트스페이스 (문발동 518-6)
전화 02-546-4341   **팩스** 02-546-8053
홈페이지 www.chungrim.com
이메일 cr1@chungrim.com
블로그 blog.naver.com/chungrimpub   **페이스북** www.facebook.com/chungrimpub

ISBN 978-89-352-1357-3 (03320)